妈妈改变 1%
孩子改变 100%

MAMA GAIBIAN 1% HAIZI GAIBIAN 100%

柴一兵 —— 编著

北京工业大学出版社

图书在版编目（CIP）数据

妈妈改变1%，孩子改变100% / 柴一兵编著. —北京：北京工业大学出版社，2014.1（2021.9重印）
ISBN 978-7-5639-3746-2
Ⅰ.①妈… Ⅱ.①柴… Ⅲ.①家庭教育 Ⅳ.①G78

中国版本图书馆CIP数据核字(2013)第299487号

妈妈改变1%，孩子改变100%

编　　著：	柴一兵
责任编辑：	贺　帆
封面设计：	清水设计工作室
出版发行：	北京工业大学出版社
	（北京市朝阳区平乐园100号　100124）
	010-67391722（传真）　bgdcbs@sina.com
经销单位：	全国各地新华书店
承印单位：	唐山市铭诚印刷有限公司
开　　本：	787 mm×1092 mm 1/16
印　　张：	14
字　　数：	168千字
版　　次：	2014年1月第1版
印　　次：	2021年9月第2次印刷
标准书号：	ISBN 978-7-5639-3746-2
定　　价：	39.80元

版权所有　翻印必究

（如发现印装质量问题，请寄本社发行部调换 010-67391106）

前　言

　　在美国，曾有教育学家与各大学合作，从其毕业生中挑选了100名杰出的人才，用电话拜访、发放电子调查问卷、当面访谈等方式对他们少儿时的成长经历以及所受家庭教育的方式做了深入的了解。同时，这些教育学家还与联邦执法机构合作，挑选了近百名有过犯罪记录的人或正在服刑的犯人，也对他们少儿时期的成长经历做了详细的了解。在对上述两种人生经历截然不同的人群进行深入调查分析后，他们发现孩子在幼年时所受到的教育，特别是妈妈的管教方式将直接影响其成年后的生活和事业轨迹。

　　在访谈中，有位因诈骗而被判入狱十五年的犯人对教育学家说，他之所以走上了这条黑暗的人生之路，是因为幼时的懒惰和说谎成性没有得到父母的矫正。

　　与此对应，有位成功人士也对教育学家讲了他小时候的一件事。他妈妈把家里房间和室外草坪分成了三份，对他们三兄妹说，谁想得到额外的美食或零花钱，就要把自己负责的区域的卫生清理得更加高效和整洁。于是，他们三人常常为了"好处"而主动打扫卫生。他甚至还想出了省事省力的优选法，不但得到了父母的奖励，还受到了学校的表彰。他对教育学家说，他从这种童年活动中学到了很多东西，其中之一就是有付出才会有回报，想要更多的回报就要付出更多的努力才行。

可见，孩子就是在一件件小事中成长起来的，而妈妈对这些不起眼小事的态度和处理方式往往对孩子的心理和成才有着重要影响。因此，在生活中妈妈不但要照顾好孩子的衣食住行，更要提高自身的修养，更新教子理念，改进亲子教育方法。

在大多数家庭中，父亲往往忙于工作以赡养家庭，教育孩子的重任就落在了妈妈身上。因此，如果妈妈常常反思自己的教育方式并尽可能加以改善，那么，不但会发现教子是一件很有趣的事情，而且会发现自己和孩子在共同进步。教育学家建议，妈妈和孩子相处时也可从小处着手改变自己，这样既提高了可行性，又能让孩子看到妈妈的变化，更利于亲子沟通和交流。可以说，只要妈妈每天改变一点点，就会给孩子带来很大的影响。总有一天，孩子会还给父母一个大大的惊喜！

在本书中，我们根据孩子的不同情况，为妈妈们设计了数十种家教改进方式以供参考，涵盖了在不引起孩子反感的前提下，如何与孩子更好地沟通，如何奖励孩子，如何批评孩子，如何在自立、自律、自省、做人、上进等方面更好地帮助孩子。本书内容丰富、家教方法新颖，并穿插了大量的经典家教案例，是兼具理论性与实用性的教子最佳参考书。

目 录

第一章　孩子的优秀离不开妈妈的改变

妈妈是孩子童年的"守望者" 3

好妈妈更应是孩子的启蒙好老师 6

妈妈是孩子最好的榜样 9

妈妈变一变，孩子学得会更好 12

孩子的成长有妈妈，也要有爸爸 15

第二章　好妈妈和孩子一起用感恩的心看人生

培养孩子的感恩意识 21

感恩，从生活中的点滴做起 24

感恩要有同情心 27

教孩子善待他人 31

对"仇敌"也要心存感激 34

第三章　妈妈多点责任心，孩子的自律性会更强

有责任感的孩子是细心的妈妈培养出来的 41

妈妈的必修课：培养孩子的责任感 44

妈妈要教孩子对自己的行为负责 48

成就妈妈的梦想，教出善始善终的好孩子 52

妈妈会奖励，孩子自律更有动力 55

第四章　改变方式，好妈妈教会孩子不再讨厌反省

做聪明的妈妈，让故事教会孩子每日自省 63

聪明的妈妈，让孩子做反省的行动派 67

教孩子先想后做，妈妈其实很好当 70

好妈妈让孩子学会总结经验 74

做耐心的妈妈，给孩子一点时间去反思 ………………… 77

第五章　妈妈多些乐观，孩子更加阳光快乐

妈妈相伴，孩子更乐观 ………………………………… 83

找到孩子的闪光点，体会成功的快乐 ………………… 86

改变孩子的悲观心理 …………………………………… 90

妈妈少责骂，孩子更自信 ……………………………… 93

幽默的妈妈培养乐观的孩子 …………………………… 96

第六章　妈妈少一点溺爱，孩子就会多一些自立

做自己的事，学会独立 ………………………………… 103

帮孩子制订独立计划 …………………………………… 106

在逆境中让孩子独立起来 ……………………………… 110

不指责孩子的失败 ……………………………………… 114

自信的男孩，更需要知识的力量 ……………………… 117

独立的孩子要有主见 …………………………………… 120

第七章　聪明的妈妈让孩子爱上学习

如何让孩子不再厌学 127

聪明的妈妈有效安排孩子的学习计划 131

课前预习和课后温习的重要性 135

珍惜时间，提高孩子的学习效率 138

教孩子学会学以致用 141

第八章　妈妈会理财，孩子的"财商"才会高

培养孩子的"节俭"意识 149

让孩子有点打工体验 152

让孩子合理使用零用钱 155

帮孩子走出金钱的"旋涡" 159

有付出才有收获 162

第九章　妈妈会处世，孩子才有好人缘

培养彬彬有礼的孩子 169

谦虚的孩子更受欢迎 172

尊重他人，培养合作精神 175

学会倾听，体谅他人 179

好人缘，幽默的口才很重要 182

第十章　好妈妈需掌握的亲子交流方法

妈妈应用好"表情符号" 189

妈妈的"暗示交流法" 192

和孩子约法三章 196

拒绝孩子，妈妈要以理服人 200

延迟满足，克制孩子的欲望 204

奖励孩子也要多样化 207

第一章
孩子的优秀
离不开妈妈的改变

对于一个孩子而言,妈妈提供的不仅仅是物质上的照顾,更是孩子幼小心灵的依靠,妈妈的一言一行都对孩子有着至关重要的作用。妈妈们不妨改变一下以往的教子方式,用智慧和心灵陪伴孩子成长,相信孩子在成长中会不断回报给您各种各样的惊喜。

妈妈是孩子童年的"守望者"

如今,妈妈们大多都有自己的工作,早出晚归,一天下来跟孩子在一起的时间没有多少。还有的妈妈想趁着自己年轻,多挣点钱,在孩子很小的时候就拜托给老人代管,一个星期可能只有周末才有时间陪孩子一会儿。妈妈总以为为孩子提供比较好的物质条件就是对孩子好,却忘了孩子的心灵才是最需要妈妈关心的。

对于一个孩子而言,妈妈提供的不仅仅是物质上的照顾,更是孩子幼小心灵的依靠,妈妈的一言一行都对孩子有着至关重要的作用。缺少妈妈陪伴的童年是灰暗的,很难想象当孩子独自一人看着别的小朋友跟妈妈在一起快乐嬉戏时,心里会是什么样的感受。久而久之,这种负面的情绪会让孩子变得孤僻,甚至产生讨厌妈妈的情绪。

孙慧慧可以说是跟着奶奶长大的。因为在她四岁的时候,妈妈由于工作表现很出色,公司决定派她出国进修半年,当时慧慧那么小,妈妈的确很舍不得离开,但是这么好的机会,错过了可就没有了,于是妈妈选择了出国,去寻找事业上的高峰。

半年之后,慧慧见到妈妈时,并没有妈妈想象之中的喜悦,反而像打量一个陌生人一样,盯着妈妈看。而妈妈在见到女儿时,看到女儿还是印象中的样子,但是长高了许多,突然间有一种失落感,她错过了一段可以看着女儿成长的很宝贵的快乐时光。

为了弥补对女儿的亏欠,妈妈给慧慧买了很多东西:新衣服、漂亮的鞋子、可爱的洋娃娃、卡通图案的书包……一整套下来，让慧慧的房间焕然一新，当然慧慧也被打扮得很漂亮。那几天里，慧慧非常高兴，她终于可以像别的小朋友一样，整天有妈妈陪着了，当初的陌生感也渐渐消失了。

但是快乐的日子并不长，一个星期过后，慧慧发现妈妈不再去幼儿园接她了，晚上想告诉妈妈她今天得了小红花，老师表扬了她，但是妈妈只是随口应了两声，眼睛只盯着电脑，根本就没有看她一眼。慧慧虽小，但是也能感受到妈妈并不愿意听她说话，她觉得妈妈变了，变得不喜欢她了。

时间一长，慧慧觉得妈妈欺骗了她，妈妈说过很喜欢她，还答应经常陪她，但是却一个承诺都没有实现。看到邻居宋阿姨整天陪小兰跳绳，慧慧在心里就恨妈妈，她很害怕别人问她妈妈在干什么，怕别人会嘲笑她没有妈妈陪。所以慧慧变得很少说话，也很少出去和小朋友玩，经常一个人闷闷地看漫画或者故事书。

孙慧慧的童年可以说是比较灰暗的，而这一切跟妈妈对她缺少陪伴是有很大关系的。对于一个孩子来说，并不是有个人照顾就可以，妈妈是独一无二的，妈妈的陪伴是旁人不能代替的。这并不是说非要妈妈放弃工作，拿所有的时间来陪孩子。其实孙妈妈每天只要抽出一小时来陪慧慧，慧慧的童年就会变得丰富多彩，也不会有记恨妈妈的心理了。

有的妈妈会说，工作忙没时间，但是时间就像海绵里的水，只要肯挤，总会找到陪孩子的时间。不要觉得陪孩子是件很难的事情，这与平时的教育无关，妈妈可以陪孩子一起捏会儿橡皮泥，或者跟孩子一样拿张纸叠个小船儿，看看谁叠得又好又快，这样对孩子来说就足够了。但是在这里还有些话要提醒妈妈一下，妈妈如果会注意的话，孩子将会获得更多的快乐和收获。

首先，妈妈不要把工作中的负面情绪带给孩子。有的妈妈因为工作上的事情不愉快，回家后还板着一张脸，像是别人欠了几百万似的，谁见了都避之不及。如果妈妈用这种负面情绪去陪孩子，那相信孩子除了害怕，应该感受不到妈妈陪伴的快乐，甚至希望今天不用妈妈陪了。

其次，妈妈应以愉快的心情陪伴孩子。孩子是敏感的，他能感受到妈妈的心情，如果妈妈经常用快乐的心情跟孩子在一起，那么孩子就会受到感染，也会变得快乐起来。事实证明，天性乐观的父母，他们的孩子多半都比较开朗活泼，跟朋友相处得也很愉快，很少为了小事把关系弄僵。

章小文今天早早地就起床了，然后很快地把自己收拾好，跟妈妈去吃早饭。小文今天兴致很好，因为妈妈答应今天陪她去野餐，那可是她渴望已久的事情呢！

一路上，小文发现妈妈似乎也很高兴的样子，一路上还哼着不知叫什么名字的歌。妈妈平时心情就不错，今天尤其好，什么事情让妈妈这么高兴呢？

"妈妈，今天你心情特别好哎！"小文犹豫了一下，还是说了出来。

"好久没这么放松啦，当然高兴了！"说完妈妈还附赠给小文一个大大的笑容。

看到妈妈这么高兴，小文原本高涨的心情现在更加高涨了，还不顾众人的眼光，对着天空大喊了一声。妈妈见到女儿高兴，自然而然更高兴了，母女二人就这样相互感染着。野餐回来之后，妈妈见时间还早，又提议去逛街，两人回到家时天都黑了。

那快乐的一天成了小文最难忘的时光，她努力每天都让自己保持快乐，因为快乐的感觉是那么美好。

不可否认，妈妈快乐的心情对小文产生了很深的影响，而这个影响很可能会伴随小文的一生，让小文每天都生活在快乐之中。可见妈妈的陪伴对孩子来说很重要，而妈妈当时的心情更重要。

孩子的童年是宝贵的，妈妈们应珍惜这个独一无二的童年，用心陪伴孩子度过一生中最美好的时光，和孩子一起感受成长的快乐。妈妈们不妨放缓脚步，用智慧和心灵陪伴孩子成长，做孩子童年真正的"守望者"，而不是一个"匆匆的过客"。

好妈妈更应是孩子的启蒙好老师

妈妈是孩子主要的启蒙老师，不仅仅是因为孩子是妈妈十月怀胎生下来的，还因为孩子从小就开始接受妈妈的教育，从学说话，到后来学走路，孩子的每一个成长过程都离不开母亲的教导。小时候，总是妈妈握住孩子的小手，教他写自己的名字，让孩子慢慢地认识那些奇怪的汉字；也总是妈妈教孩子唱儿歌、背唐诗，为孩子打开学习之门。

纵观古今中外，很多优秀人才的早期教育都与妈妈有着很大的关联。我国古代孟子的母亲曾用断织的方法，教育孟子珍惜时间好好学习，最终孟子成了一位伟大的思想家；欧阳修的母亲曾用荻草当笔教欧阳修识字，而欧阳修最终成为一代文豪。因此，妈妈应抓住孩子的早期时光，为孩子做好启蒙教育，为孩子以后的发展做好准备。

苏春夏今年刚四岁，但是妈妈对春夏的教育却早已经开始了。妈妈最先教春夏的是最简单的识数。为了让春夏对数字有更好的概念，妈妈不仅让春夏拿笔在纸上写阿拉伯数字，平时在给春夏拿苹果吃的时候，妈妈会一只手拿一个苹果，伸出一只手的时候，告诉春夏这是一个；两只手同时伸出来的时候，告诉春夏这是两个苹果。

当春夏稍微大一些的时候，妈妈就开始教春夏写一些简单的汉字了。从最初的横竖撇捺开始，等春夏都学会了，妈妈便把这些横竖撇捺组合起来，成了"春夏"两个字，这时妈妈告诉春夏，这就是她的名字。春夏好奇地盯着自己的名字看了老半天，像要从里面看出什么似的。然后就开始拿笔"写"着。

当然，妈妈也不会错过对她的其他教育。妈妈在网上下载了很多带视频舞蹈的儿歌，平时没事的时候就会放一些让春夏看着电脑自己学，小春夏很快就被那些欢快的儿歌和舞蹈给吸引住了，听着听着就情不自禁地跟着手舞足蹈，跟着电脑的旋律边唱边跳。

每当带春夏去公园的时候，妈妈就会趁机教春夏一些自然知识：这是什么花，为什么只在春天开；那个小鸟叫什么，它爱吃什么东西；河里的小鱼跟家里养的不太一样，跟妈妈给她做的红烧鱼也不一样。在家中，妈妈还买了很多看图识字的书，让孩子认识新事物的同时也练习着识字能力。

苏妈妈这么做的原因，是想从孩子对待不同事物时的不同态度，来看看孩子对哪方面比较擅长，希望以后能对孩子进行有方向的培养。在众人看来，妈妈对春夏的教育简直就是面面俱到，有的邻居笑称苏妈妈就是一个育儿专家，想把女儿培养成全才。

从故事中可以看出，春夏的早期教育还是比较全面的，而对于妈妈进行的这些教育，春夏也表现出了一定的求知欲望。其实很多孩子都是比较好奇的，妈妈们如果能利用孩子好奇的个性，很容易就能激发出孩子的求知欲，让孩子从小主动探索，这会让妈妈对孩子的启蒙教育省很多事。

不可否认，妈妈对孩子有一种与生俱来的亲和力，说妈妈是孩子的启蒙老师一点也不为过。而妈妈们也不要觉得教育孩子需要多么高难度的科学训练，只要顺着孩子的好奇心，告诉他这世上还有更为神奇的事情，让孩子一步步地攀登就好了。

妈妈改变1%，孩子改变100%

　　王淑辉上二年级了，别看他年纪小小的，脑子里的知识可不少，堪称小小文学家，尤其对唐诗宋词很是了解。而这全都得益于妈妈从小对他的教育。

　　妈妈是个作家，文学素养很高，从小辉出生的时候妈妈就开始计划怎样才能把小辉培养成一个有文学素养的儒雅之士。小时候，妈妈每次给小辉讲完一个童话故事，就会问会小辉心中的故事结局是什么样的，甚至有时候妈妈还鼓励小辉自己试着写一些比较喜欢的故事。

　　等小辉五岁的时候，妈妈开始教他诗词。小辉很快就被诗词那种凝练的语句吸引了，看到自己喜欢的句子，小辉总想多看一会儿把它给记下来。在看完诗词之后，妈妈还会给小辉讲每首诗词的写作背景和这首诗作者的生平事迹，让小辉对诗词进行全面的了解。

　　小辉的兴致在这时候被完全地激发出来，每当发现一首自己喜欢的诗词，小辉都会背诵老半天，当然对于古代有名的诗人也越发地佩服。他最喜欢的诗人是李白，但是不太喜欢杜甫，对苏东坡也比较欣赏。妈妈曾问他，为什么不喜欢杜甫，小辉说自己也不知道为什么，就是对杜甫没好感。妈妈对此并没有多说什么，妈妈觉得大人不必过多干预孩子自己的感觉，等他长大后，有了更多的知识，也许那些想法自己就会改变了。

　　"小辉，能帮我看看这两句诗是什么意思吗？咱们好像没学过。"同学夏冬在读课外书，看来遇到了难题。

　　"没问题，我马上就来。"瞧，小辉又开始"传授"他的知识了。

　　从小辉的故事中，我们可以看出妈妈对孩子的启蒙教育有多重要。可以说，小辉能成为"博学之士"，妈妈对小辉的教育起了决定性的作用，是妈妈把他带进了诗词的王国，让他在古代文学中自由地飞翔。

所以，妈妈们应该担好启蒙老师这一重任，用自己的温柔和智慧为孩子开启知识的大门，引导孩子走向更高更远的知识殿堂，帮他们树立起远大的理想，教会他们学习的技巧，培养他们坚持不懈的品质，相信注重给孩子启蒙教育的母亲能培养出更优秀的孩子。

妈妈是孩子最好的榜样

人们常说："见其子，知其母"。的确，从孩子呱呱坠地的那一刻起，他就成了妈妈最忠实的模仿者，无论是妈妈的言谈举止、行为习惯，还是妈妈为人处世的方法、道德品行的高低，都会被孩子学习和模仿。因此，说孩子是妈妈的一面镜子，一点都不为过。

一位50多岁的老太太退休后进入美国一所大学的日语班，起初，人们并不知道她的身份，大家都猜测这个老太太只是为了打发自己无聊的时间而已。可日子一天天过去，人们发现她每天上课都非常认真，写作业、回答问题都一丝不苟，她的笔记经常被同学们拿来借阅。老师以此推断说，这个认真学习、严于律己的老太太的孩子一定是位非常优秀的成功人士。果然，大家最后打听到她是美国第一任华裔女部长赵小兰的母亲。

美国有一家教育机构研究发现，妈妈决定着孩子90%以上的素质。这说明，不同的妈妈可以铸就孩子不同的人生。我们知道，孩子在童年时期的可塑性非常强，包括他们的性格、习惯、修养，都会逐渐成形，而妈妈的榜样作用是任何人都替代不了的。妈妈勤俭节约，孩子就不会铺张浪

妈妈改变1%，孩子改变100%

费；妈妈坚强勇敢，孩子就不会胆小懦弱；妈妈尊老爱幼，孩子就不会骄奢蛮横；妈妈努力工作，孩子就不会不思进取……总之，妈妈的行为榜样比任何言语对孩子都有影响力。

一天，妈妈带着一岁半的女儿对对到小区的广场里晒太阳。走着走着，妈妈看到眼前的空地上有一张废纸，就走过去捡起来，把它扔到了不远处的垃圾箱，并告诉对对，"垃圾要放进垃圾箱里面"。

对对看了看妈妈，脚步蹒跚地走向了另一张废纸，弯腰捡起来后径直向垃圾箱走去。因为她个子太小，还够不到垃圾口，就咿咿呀呀地向妈妈求助，妈妈抱起她，对对顺利地将废纸扔了进去。在接下来的时间里，对对一直在寻找废纸片，并在妈妈的帮助下将它们扔进垃圾箱。

对对的妈妈很重视言传身教，虽然对对年龄很小，甚至还不会说话，但通过这件事情，在她的内心已经有了爱护环境的意识。有很多妈妈也总教育孩子不要乱扔垃圾，但她们自己却做不到，这样即使孩子按照妈妈的要求去做，心里也会很不服气，也许就不会养成爱护环境的好习惯。还有的妈妈告诉孩子不许说脏话，自己却整天骂骂咧咧，孩子当然不会朝着妈妈所希望的方向发展。所谓"其身正，有令则行；其身不正，虽令不从"，讲的就是这个道理。

周末到了，妈妈为了庆祝女儿薇薇的6岁生日，决定带她到野生动物园游玩。在购买门票的时候，售票员告诉她："6岁以上的儿童需要买儿童票，6岁以下则可以免费进去。"

这位妈妈说："我女儿刚好6岁，我需要购买一张大人票和一张儿童票。"

售票员把票递给她，笑着说："您要是不说我还以为您的女儿刚过5岁呢。"

"但是,我的女儿知道。"孩子的妈妈说。

故事中的妈妈以实际行动告诉了自己的女儿,做人要讲诚信,不能为了贪便宜而投机取巧,这就是一个非常好的榜样。不少妈妈觉得自己的孩子还小,什么都不懂,因此不去约束自己的行为。其实,孩子的年龄小并不代表他不会模仿,孩子的年龄越小,榜样的感染力就越大。如果妈妈给孩子做出的是反面的例子,就会对孩子造成非常不利的影响。

刘敏与丈夫跟年老的婆婆在一起住,他们的儿子涛涛今年四岁。婆婆腿脚不好,但是特别疼爱涛涛。而刘敏是一个性子急躁的人,她不愿意孝顺婆婆,还经常对婆婆呼来喝去。有一天,她跟丈夫说要把婆婆送去养老院,因为婆婆年纪大了,在家里是个累赘。丈夫凡事做不了主,都听刘敏的。这一天,他们把老人的衣物收拾出来,准备把她送走。就在这时,涛涛走过来,对刘敏说:"妈妈,等您老了,我也要送您去养老院。"刘敏听了大吃一惊,她没想到儿子小小年纪竟然说出这样的话。于是她打消了送婆婆上养老院的念头,并决定慢慢改变自己,对婆婆好一点。

没有一个人天生就是合格的妈妈,就像列宁的夫人克鲁普斯卡娅所说的:"家庭教育对父母来说,首先是自我教育。"因此,作为妈妈要以此警醒自己,要不断认识到自己身上的不足并加以改进,时时处处为孩子树立好的榜样。

在生活中,妈妈要特别注重自己的一言一行对孩子的影响。首先是自己的言辞,包括与他人之间沟通时语气要平和、态度要有礼貌等。其次是自己处事的方法,妈妈的每一个行动都会被孩子看在眼里并加以模仿。比如,妈妈待人要谦逊友善,遇事要信守承诺;在工作中,妈妈要兢兢业业、热爱自己的工作。这样这些美德自然也会反映到孩子的生活中。

妈妈的言行举止就是孩子的教科书，这本书上没有文字，却包含着无穷无尽的内容。只有一个好妈妈才是一本好书，才能够给孩子一个好的未来！

妈妈变一变，孩子学得会更好

"问渠哪得清如许，为有源头活水来"。做学问需要不断吸取新的知识，教育孩子也是一样，妈妈如果固守着原来的教育方式，不吸纳新的技巧，不但不会教出优秀的孩子，甚至还会影响孩子的健康成长。所以妈妈若想自己的孩子能优秀，首先就要改进自己的教育技巧。

聪明的妈妈教育的方式总是灵活多变，能用一种简单的方法达到较理想的效果，既不会让孩子反感学习，反而还能激起孩子求知的欲望。妈妈们也不要觉得牵扯到改变教育方式的问题就会很复杂，生怕弄巧成拙再教坏了孩子，如果这么想真的是多虑了，有时候方式的改进是很简单的。

徐晶晶四岁了，亲戚朋友都很喜欢这个整天活蹦乱跳的小丫头。晶晶长得可爱只是讨人喜欢的一部分原因，另一部分原因则是，晶晶年纪虽小，却已经是个"饱读诗书的圣贤人士"了。

中国的诗词似乎对这个小才女已经没有挑战性了，现在晶晶正在学习外国的诗歌。晶晶小小年纪哪学来的这些呢？当然是徐妈妈教的了。从晶晶出生的那一刻开始，徐妈妈就决定要把自己的女儿教成一个出类拔萃的人才。从晶晶会说话开始，妈妈就开始教晶晶唐诗了，但是她并没有用传统的教唐诗的办法，而是把这些唐诗编成了儿歌，让晶晶把唐诗当成了儿歌来唱，由于唐诗比较押韵，晶晶学起来很容易。

而在教晶晶现代诗的时候，则是让晶晶边背边画，让晶晶在背诗的时候，把诗中描写的景象靠自己的想象画出来，这样一来，晶晶不仅学会了现代诗，还学会了画画。比如在背徐志摩的《再别康桥》的时候，晶晶就画了一个自己想象中的剑桥，还有小船，绿绿的湖面。

当然，这个方法也应用到了外国诗上，孩子的想象是无限的，每学一首新诗，妈妈都会让晶晶从自己的心中勾勒出诗中的画面，久而久之，晶晶就不用妈妈说了，因为这已经是她的习惯了。

学多了之后，妈妈就会问问晶晶，她喜欢哪一种类型的诗，晶晶说她喜欢中国的唐诗。妈妈又问为什么，晶晶说唐诗读起来比较顺口，感觉很舒服。妈妈又问晶晶不喜欢其他类型的诗是什么原因，晶晶歪着小脑袋答不上来，妈妈也不着急，只是让她有空的时候再想，等想起来的时候，再告诉妈妈。

晶晶最喜欢妈妈的这一点了，因为一回答不上来，她就会很紧张，但是妈妈从来不强迫她。

很多时候，妈妈们教孩子"床前明月光"，就对孩子说"床前明月光"，然后让孩子跟着念。这种方式既无趣，也没效果。妈妈们何不学学徐妈妈的做法，改进一下，用一种可以勾起孩子兴趣的学法去教孩子呢？

不仅是学习方面，在教孩子为人处事的时候，妈妈如果觉得以前的方法没效果，或者不适合孩子，都应考虑一下，是不是这个方法需要改进一下？怎么改进对孩子比较有效果？如果妈妈对于改进还不太明白，那么下面几种常见的改进方法或许能起到一些作用。

首先，妈妈用"拟人"的方法教孩子爱护东西。孩子年纪小，有些东西有时候只知道这样好玩，却不明白他的好玩是一种破坏。相信妈妈们可能用过恐吓、警告、甚至打骂来制止孩子的破坏行为，这种方法可能有效，但却会给孩子的心理留下阴影。下面的故事将告诉妈妈"拟人"是怎么回事。

　　林小秋和林小冬是两兄弟，小秋是哥哥，比小冬大四岁。今年小秋上一年级了，今天老师给他讲《小蝌蚪找妈妈》一课，并在课下鼓励同学们自己养些小蝌蚪，看看它们的尾巴是怎么消失的。好奇的小秋当天就和同学们捉了几只小蝌蚪回来，放在鱼缸里养着。

　　弟弟小冬也是个好奇宝宝，他还没见过这样的"鱼"呢，总想把它们看清楚点，但是总被里面其他的鱼挡着，所以小冬直接下手抓了一只小蝌蚪出来，放在地上仔细观察着。可怜的小蝌蚪没有水，在地上痛苦地挣扎着，但是小冬显然没觉察到这一点，还不断地拿个牙签扎它！

　　"喂！你干什么呢？"小秋看到弟弟正在残害蝌蚪，火冒三丈，直接大吼道。

　　"啊……"小冬不知道怎么了，更不明白哥哥为什么生气，只好茫然地看着哥哥。

　　妈妈闻声赶来，看到眼前的一切顿时明白是怎么回事了，"小冬，如果不给你水喝，那你会不会口渴啊？"

　　"会。"

　　"那如果小蝌蚪没水喝呢？你把它拿出来，它会不会渴啊？"

　　"也会。我这就把它放到水里，让它喝水。"

　　"如果拿牙签扎你，你会不会疼啊？"妈妈又问道。

　　"我以后再也不会扎小蝌蚪了。"小冬保证道。

　　相信妈妈们已经知道"拟人"法是怎么回事了，就是把一个东西当成人来看待，然后赋予它人的情感和感觉，让孩子把东西当成人一样，让孩子知道它也会受到伤害，那样孩子就会很懂事地爱护周围的东西。

此外，妈妈们可以用将心比心的方法教孩子有爱心。有时候妈妈让孩子去搀扶一下行动不便的老奶奶，孩子会不明白为什么要这样做，因为那并不是他真正的奶奶，而且还互相都不认识。这时，妈妈可以对孩子这样解释："小乖，如果有一天你的腿不小心受伤了，你是不是很希望有个人能来扶你一下啊？但是在这之前，你得先帮助别人，然后别人才会来帮助你，就像妈妈以前讲过的，你对别人微笑，别人才会对你微笑，它们的道理是一样的。"孩子明白了这个道理之后，相信不用妈妈说，孩子也会积极做个乐于助人的小绅士的。

孩子的成长有妈妈，也要有爸爸

如今，越来越多的家庭由妈妈开始"当家做主"。受"男主外，女主内"的影响，孩子和爸爸的接触越来越少，交流也越来越少，相反，和妈妈的关系却十分紧密，什么事都离不开妈妈。很多孩子与爸爸几乎没有交谈，与爸爸的交谈就是简单的一句："爸，我妈呢？"确实，现在的许多家庭中，爸爸和孩子的生活似乎没有交集，他们不怎么在家也不怎么和孩子聊天，即使偶尔在家也只是上网、看报，这样的"甩手爸爸"在孩子的眼中甚至可有可无，然而，爸爸在教育孩子方面真的是无足轻重吗？

"爸，你回来了！你这两天去哪儿了？怎么都不回家啊？"正在写作业的王鹏看到爸爸回来了，兴奋地问道。

"我出去开会了。你妈妈没有告诉你吗？"爸爸放下手中的公文包，坐到了沙发上。

"好像说过吧，我忘了。你总是不在家，爸，你教我下棋吧！"

王鹏扔下手中的笔，也跳到沙发上坐下。

"作业做完了吗？最近成绩怎么样啊？怎么就想着玩啊？"爸爸关切地问儿子。

"你怎么跟我妈一样没劲啊？老让我写作业。写完作业还让我预习功课。"儿子不满地抱怨道。

"你现在的主要任务不就是学习吗？明年就该中考了，现在学习多紧张啊，你还总想着玩儿。"爸爸一本正经地说道。

"那也应该有个休闲娱乐活动吧？前不久我刚和同学的爸爸学会了踢足球，现在同学们都学下象棋，说是益智，你也教教我吧！"王鹏说道。

"下棋确实很开发智力，"爸爸笑道，"改天吧，我今天实在太累了，改天有机会一定教你啊！"

"又是改天，改到哪天是个头啊？"王鹏知道没戏了，生气地走进自己的房间，重重地摔上了房门。

其实，故事中的王鹏要求并不高，只是想跟爸爸学下棋，可是就连这点愿望也难以实现。因为很多原因，爸爸与孩子的相处时间十分少，好不容易回趟家已是十分疲惫，面对孩子的各种要求，实在是"心有余而力不足"。然而经常围绕在孩子身边的，就是妈妈了。但很多事情却是妈妈无法做到的，妈妈可以教育孩子如何"柔情"，却无法让孩子变成"硬汉"。一般来讲，女人大多数温柔安静、情感细腻，她们常常在生活中点滴的小事上关心孩子，但也喜欢唠叨和束缚孩子。而男人则情感深沉、性格刚毅、果断，富有想象力和创造精神，对孩子的成长有着不可忽视的影响力，能让孩子变得具有冒险精神、变得大胆且富有创新精神。另外，爸爸做事计划性、目的性极强且不拘泥于小节，这些都会影响到孩子的成长，让孩子变得有自信，让孩子的专注力与办事能力得到培养。

而且，缺乏父爱对孩子生理、心理上都有很多影响。研究表明，每天与爸爸相处一至两小时的孩子，比每周与爸爸接触不超过五个小时的孩子更自信、更聪明、人际关系更融洽、社交能力更强。爸爸与妈妈在教育孩子时的方式方法都是不同的，只有双方都参与的家庭教育，才能让孩子身心更健康、性格更完整。

著名画家达·芬奇的爸爸彼特罗是一位令人称道的好爸爸，他培养孩子的信条就是：给孩子最大的自由，让孩子发展自己的兴趣。

6岁那年，达·芬奇上学了，在学校里学了很多知识，但对绘画最感兴趣。一天，他上课不专心听讲，还给老师画了一幅速写。回家后，达·芬奇把速写给爸爸看，爸爸不仅没有生气，反而夸奖他画得很好，决定培养他在这方面的才华。

正是因为爸爸如此开明，达·芬奇全身心地投入到自己喜爱的绘画中，甚至敢专门用画的画来恐吓老爸。一次，他花了一个月时间，在盾牌上画了一个两眼冒火、鼻孔生烟，看起来十分可怕的女妖头。为了把爸爸吓一跳，他还关紧窗户，只让一缕光线照到女妖头的脸上。后来，爸爸一进家就被盾牌上的画吓坏了，可是等达·芬奇哈哈大笑地解释完，他竟然没有责备儿子。

16岁那年，爸爸把达·芬奇带到画家维罗奇奥那里学画画。在维罗奇奥的指导下，达·芬奇刻苦学习，掌握了很多绘画技巧，终于成为一代大画家。

爸爸对孩子的教育是多方面的，包括言语、自身魅力以及道德品质的影响。孩子总是会崇拜自己的爸爸，他们渴望与爸爸相处，会不自觉地模仿爸爸，所以人们常说，"有什么样的爸爸，就有什么样的儿子"。因此，在孩子的成长过程中，爸爸一定要积极参与到孩子的教育工作中，因为从某种意义上来说，父爱远胜于母爱。做爸爸的千万不要忽视甚至放弃自己的教育责任，而妈妈也要多创造孩子与爸爸相处的机会，在父子之间搭好友爱的桥梁，不要让孩子和爸爸的"距离"过远。

父母要了解，成长中缺乏父爱的孩子容易形成所谓的"偏阴性格"，待人处事中常常表现得过于胆小、多愁善感、依赖性强、独立性较差，这都是因为爸爸过少参与孩子成长所导致的。因此，为了让孩子变得优秀，在成长的道路上茁壮成长，爸爸和妈妈都要参与到教育孩子的工作中，这样才有利于培养孩子的健康人格和自主能力，使孩子更好地适应现实生活和未来社会。

第二章
好妈妈和孩子一起用感恩的心看人生

当孩子不懂事,不知道感恩的时候,妈妈总是埋怨,但孩子为什么会变得这么冷漠无情,妈妈却很少联想到自己身上。很多时候,就是因为妈妈的感恩教育没有做好,才会让孩子变成一个冷漠的人。因此,妈妈在教育孩子的时候,一定要教会孩子如何用感恩的心面对人生,面对他人。

培养孩子的感恩意识

在国外,每年11月的第四个星期四是感恩节。这一天不管有多忙,全家人都会团聚在一起,就像中国的春节。在这天,人们在餐桌上可以吃到很多好吃的东西,最有名的就是烤火鸡和南瓜馅饼。

感恩节的背后有着这样的一个故事:1620年,一些朝拜者为逃避宗教迫害,乘坐一只叫作"五月花"的船去美洲寻找宗教自由,在海上经历了两个月的风浪之后,终于在现在的马萨诸州的普利茅斯登陆,而那时已经是寒冷的十一月了。

第一个冬天,人们的条件很艰苦,很多移民不是被饿死就是因当地的传染病而死。春天到来的时候,幸存下来的人们在当地印弟安人的帮助下开始播种,最后,庄稼获得丰收。为了欢庆丰收,按照宗教传统习俗,移民规定了感谢上帝的日子,并决定邀请当地印弟安人一同庆祝以感谢他们的真诚帮助,因此举行了三天的狂欢活动。从此,这一习俗就延续了下来,1863年,美国总统林肯宣布每年11月的第四个星期四为感恩节。

俗话说"滴水之恩当涌泉相报",当我们得到他人的帮助时,要懂得感恩、懂得回报。但是,现在很多人都不懂得感恩的真谛,尤其是成长中的孩子,更是无视妈妈的养育之恩。现在的孩子,生活水平好了,想要什么妈妈大都能够满足,长期如此,他们便形成了这样一种认识:妈妈的照顾和爱都是天经地义的。所以现在的孩子感恩意识很淡薄，他们连妈妈都不感激，更别提感谢别人了。

所以，妈妈在教育孩子的时候，要学会引导孩子，激起他的感恩意识，教孩子做一个懂得感恩、心中有爱的人。当孩子有感恩的意识后，他就会懂得回报曾经帮助过他的人，也会了解妈妈养育他的辛苦，进而感激妈妈。

小吴从小在孤儿院长大，他最大的心愿就是能给孤儿院的孩子办一所学校，以回报孤儿院的恩情。为了这个梦想，小吴一直在四处奔波，很多人觉得小吴异想天开。"小吴，不是我打击你，而是你本来就没钱，认识的人也不多，你想老天可怜你，从天上掉钱给你吗？"

经过慎重的思考，小吴打算向当地的首富乔治去借。得知他的来意之后，管家把他拒之门外，并委婉地拒绝说："我们主人不在，过一阵子才会回来，到时候你再来吧。"一个满身破烂的乞丐，居然开口就要几十万美元，不是无赖就是疯子，管家边关门边想。

他真是个疯子！管家此时此刻十分愤怒。因为从那天之后，那个该死的小吴每天都来！这让管家忍无可忍，终于忍不住让人把小吴痛打了一顿，但是小吴第二天又来了……

不久，战争爆发，两人很巧地被编到一个队伍里，管家也了解了小吴借钱的原因。战争中那位管家牺牲了，但是最后一句话却是："你要好好地活着，不要忘了你当初的梦想。"

战争结束后，小吴一直经商，同时还陆续收养孤儿，在因病去世之前他把自己的愿望告诉了妻儿，希望他们能完成自己的梦想，给孩子建一所学校。这是一件艰难的事情，因为收养孩子花掉了家里的大部分积蓄，这时社会中的爱心人士纷纷伸出援助之手，乔治的孩子也捐了一笔数目可观的资金，小吴梦想中的学校终于建了起来，他也终于报答了孤儿院当初的恩情。

感恩是中华民族的传统美德,是一种高尚的道德情感,是一种智慧的处世哲学。比如,妈妈的养育之恩、教师的教导之恩、朋友的关爱之恩等,这些都是我们需要感激的。妈妈应从小就让孩子学会感恩,让他们体会到父母的辛苦。

"妈妈,我好不容易请同学们来家里玩儿,你怎么做那么难吃的饭菜?是不是诚心想让我丢人啊?"美丽送走了同学后生气地对妈妈说。

"怎么难吃了?我觉得挺好的呀?"说完,妈妈拿起筷子夹起剩下的一点儿菜尝了尝。

"是不是糊了?一点都不用心。"美丽还在埋怨着。

"我一个人炒这么多菜,连个帮手都没有,一时火候过了也是难免的。"妈妈放下筷子,边收拾着桌上的残羹剩菜边说,"你也不去帮帮忙。"

"我同学都来了,我还要跟她们玩儿呢,我去帮你谁陪同学啊?"美丽冲妈妈喊道。

"那你就看到妈妈做菜难吃了?妈妈辛苦忙了一上午你怎么一点儿都不知道感激啊?"

"你做得好我自然感激,可你做得不好我感激什么?"

"那妈妈把你含辛茹苦地养到这么大,供你吃穿,供你上学,你就一点都不感激吗?"妈妈伤心地问。

"哪个妈妈不供孩子吃穿,不供孩子上学啊?又不是就您这一个妈妈这么干!"美丽毫不犹豫地说。

妈妈再也说不出话来,扭头走进自己的房间,静静地流着眼泪。

妈妈在教育孩子的时候,应该让孩子知道:我们每个人都是经过母亲辛苦地怀胎十月，因为有母亲乳汁的哺育才长大成人，从来到这个世上的那一刻起我们最应该感谢的人就是母亲。妈妈要让孩子了解"百善孝为先"的道理，教育孩子做一个善良、懂得感恩的人，而这一切，应该先从孝顺父母做起。

妈妈要教孩子把感恩化成行动。孩子感恩妈妈不能只是嘴上说说，而是应该付出实际行动。妈妈可以让孩子从最细微处着手，培养孩子感恩的好品质。比如，帮助劳累了一天的母亲洗洗碗，给辛苦了一天的父亲揉揉肩等，一些孩子力所能及的事情妈妈都可以交给孩子去做。这不仅可以让孩子在劳动中体会妈妈的艰辛，还教会了孩子如何用实际行动去表达感恩。

感恩，是一种乐观、善良的心态；是一种可以影响身边人的崇高素养，是人生的基本准则，是人生质量的体现，是美好生活的开始。我们每个人都应该心存感恩，并学会感恩。妈妈在教育孩子时，要把感恩的好处告诉孩子，让孩子保持乐观积极的心态，并告诉孩子，学会感恩，可以让孩子少一分挑剔、多一份欣赏；学会感恩，可以让孩子心中充满温暖，对收获的点滴铭记于心；学会感恩，可以让孩子的人生更加快乐、幸福、美满！

感恩，从生活中的点滴做起

"滴水之恩当涌泉相报"，感恩是一种传统美德，懂得感恩的人都是善良的人，拥有感恩之心的人不但会回报曾经帮助过自己的人，还会力所能及地去帮助他人。妈妈在培养孩子的感恩意识时，就要告诉孩子，要对生活中所有的事物，都怀有一份感恩之情，这样才能报答大家对他的爱，报答妈妈的教育，报答社会。

有一个流浪汉，他靠画像为生，但是生意经常不好做，他总是吃了上顿没下顿。有一次他一连饿了3天，百般无奈之下他只能沿街行乞。

一个过路的人看到他的画夹后就问他："你是画像的吗？"他答道："是。"过路的人说："给我画张像吧。"

他听了高兴极了，赶紧认真地给过路的人画了张像。画好以后，过路的人接过画像说："你画得真好！"于是就给了他二十元钱。

他急忙说："一张画只要两元。"

过路的人说："我觉得这张画值二十元。"然后就拿起画像走了。

后来他成为一位有名的画家，而且一直在寻找这个曾经帮助过他的人，不过他并没有找到。但是，只要看到有人需要帮助他就会伸出援手。这些年他一直怀揣着一颗感恩的心，由于找不到当年的恩人，他就把身边的每一个人都当作自己的恩人，经常做善事。所以说感恩能够让人变得更加善良。

感恩其实也是一种生活态度，长怀感恩之心能够让你变得豁达、乐观。美国总统罗斯福的家里有一次遇到小偷，丢失了很多钱财，但罗斯福却对那个小偷非常感激，他说："他只是偷走了一些钱财，并没有伤害我的性命，我怎么能不感激他呢？"怀着一颗感恩的心会让你把挫折当作财富、把责骂当作激励、把冷漠当作考验。

圣诞节到了，老奶奶的家中却没有圣诞树，甚至连过节的食物也没有，她看看窗外，又下雪了，"真不知道该怎么过这个节！"她伤心地感叹一声。

老奶奶的邻居家有一个上小学的女孩，名字叫朱丽娅。朱丽娅平时不怎么说话，不像其他的小女孩一样活蹦乱跳的，而且还经常因为零花钱和兄弟姐妹们闹矛盾。

一次，哥哥罗力说："朱丽娅，借我5美元，下个星期就还给你。"可是朱丽娅非常不情愿，她嘟着嘴说："我没有那么多，你找别人借吧。"

罗力气恼地说："你的零花钱是最多的，平时又不花，连5美元都没有吗？"

朱丽娅摇摇头，小声说："没有。"

"让你的零花钱见鬼去吧！"罗力气急了，他不知道自己的妹妹为什么这么吝啬。

朱丽娅把妈妈给她的零花钱都存了起来，但是，她从来没有为自己花过。一到圣诞节，她就拿着存了一年的零花钱去给一些穷人和老人买圣诞礼物和过节的食物。今年，她听说邻居家老奶奶的儿子出车祸去世了，家里只有她一个人，就想为她做点什么。

圣诞节一大早，她和家人道过祝福后就匆匆地跑出了家门，罗力觉得她的行为很可疑，就一路跟了出去。

朱丽娅去超市买了肉和面包，还请人搬了一棵圣诞树到老奶奶家。"哦，可爱的朱丽娅，你真是太善良了！"看到圣诞树和美味的食物后，老奶奶非常激动，一把将朱丽娅搂入怀中。

"老奶奶，我和你一起过圣诞节吧！"朱丽娅高兴地说。

"我非常愿意，可是，你的父母会允许吗？"老奶奶担心地问。

朱丽娅想了一会儿，说："他们都是很善良的人，一定会同意的。"

这时，老奶奶家的门响了，朱丽娅打开门一看，原来是罗力。他笑着说："朱丽娅，妈妈说让老奶奶和我们一起过圣诞节。"

朱丽娅听了十分高兴，拍着手跳起来说："太好了，太好了！"

这个圣诞节，朱丽娅家十分热闹，比往年过得都要开心。

善良的朱丽娅用自己的零花钱帮助孤苦的老人和穷人过节，不但得到大家的称赞，还带动了全家人一起做善事，让生活变得更加美好。如今的社会虽然发生了很大的变化，但人们群居、互帮互助的生活方式是无法改变的。无论社会发展到什么阶段，我们都不能脱离群体而生活，妈妈在教育孩子的时候，要时刻让孩子了解到这一点，告诉孩子，再聪明的人也不能独自一人在地球上生存，让孩子学会对生活中的点滴小事心存感激，培养感恩的意识。

妈妈应鼓励孩子拿出自己的善心，去帮助那些正在困境中挣扎的人。妈妈要教育孩子多帮助他人，做个有善心的孩子，这样做不但能让身处困境的人看到希望，也对孩子的身心发展有益。而且，妈妈还要告诉孩子，当他在做好事的时候，记得要把这种精神传递给被帮助的人，让他们亲身体会到社会的温暖，然后回报社会，从而去帮助其他有困难的人，让这份温暖传递下去。

而且，很多时候，帮助他人也是在帮助自己。在生活中，每个人都会遇到一些难关，如果你能够在关键的时刻拉对方一把，那么他们一定会心存感激，虽然暂时不能回报你什么，但是当你遇到困难时，大家都会积极主动地向你伸出援手。妈妈要让孩子知道，做好事不是为了得到什么好处，只是自己的一种行为习惯、一种思想认识和品德修养。

感恩要有同情心

要让孩子用感恩的心看待人生，爱心是必要的前提，而爱心培养的起点来源于同情心。现今的家庭大多只有一个孩子，父母恨不得将自己的所有都给予孩子，尤其是妈妈更是倾注毕生的心血在关注和爱护孩子上。然而，妈妈只知道单方面地给予爱，却忘记了让孩子学会去爱别人、感恩社会。我们经常会看到一些孩子没有同情心，对父母不孝甚至虐待父母的报道，这足以引起妈妈们的深思；我们也经常看到青少年虐待动物的案例，如向动物园里的狗熊泼硫酸，挖去小猫的双眼等残忍的事件，这些都是孩子同情心和爱心严重缺失的表现。

某儿童教育专家对一群小孩子做了一个心理测试，问题是：有个小妹妹感冒了，冷得直哆嗦，你愿意把自己的衣服借给她吗？这群孩子原本都有很强的表现欲，但听到这样的问题，他们都不吭声了。无奈之下，教育专家便点名提问。被点到的第一个孩子说："我的衣服不能给别人，一会儿我会被冻感冒的。"第二个孩子则说："生病了会传染，她穿了我的衣服，要是我被传染了，我妈妈还得花钱。"教育专家问遍身边的几十个孩子，结果半数以上的孩子都不愿意把自己的衣服借给生病的小妹妹。这就是孩子缺乏同情心和爱心的表现。

一只小蚂蚁在河边喝水，不小心掉了下去。它用尽全身力气想靠近岸边，但没过一会儿就游不动了，在原地打转，小蚂蚁近乎绝望地挣扎着。这时，在河边觅食的一只大鸟看见了这一幕，它同情地看着这只小蚂蚁，然后衔起一根小树枝扔到小蚂蚁旁边，小蚂蚁挣扎着爬上了树枝，终于脱险，回到岸上。当小蚂蚁在河边的草地上晾身上的水时，它听到了一个人的脚步声。一个猎人轻轻地走过来，手里端着枪，正准备射杀那只大鸟，小蚂蚁迅速地爬上猎人的脚趾，钻进他的裤管，就在猎人扣动扳机的瞬间，小蚂蚁狠狠地咬了他一口。只听"哎呀"一声，猎人的子弹打偏了。枪声把大鸟惊起，它急忙振翅飞远了。小蚂蚁和大鸟互相救了对方一条命。

同情心是孩子真诚、友好对待他人的基础，是与人为善的重要组成部分。妈妈培养孩子的同情心不但能克服孩子对人对事的冷漠和无情，也能让孩子在帮助和同情他人的同时体会自己的价值，享受与人分享、无私奉献的乐趣，使孩子走上充满爱的大道！

"妈，又有狗跑咱们家来偷吃东西了，最好别让我逮到它，否则我一定打断它的腿！"儿子看到厨房被狗翻了个底朝天便气愤地对妈妈说。

"你知道那是谁家的狗吗？"妈妈问道。

"没见过啊，要是让我看见非把它炖了！"儿子狠狠地说。

"街坊邻居也都反映有狗跑到家里偷吃东西，听说有人看到好像是前街王阿姨家的狗。"

"她家狗自己不喂吗？"

"谁知道啊，上次我们在门口闲聊，王阿姨还说她家的狗从来都不专门喂的，就是乱跑着吃东西。"

"妈，我想到一个办法，拿几个馒头撒点'敌敌畏'放门口，它要是再来吃，那就死翘翘了！"儿子得意地说。

"是不是有点太过，以后咱关好门就行了。"妈妈有些犹豫。

"它倒腾你厨房的时候你就没觉得它做得过了吗？上次的两条鱼还记得吗？我一口没吃全被那只狗给叼走了，真是太气人了！"儿子极力地劝说妈妈要毒死那条狗。

"那倒也是，你随便吧，别让它死咱门口就行。"

狗本来就有到处找东西吃的天性，尽管跑进人家家里偷吃东西确实不对，但毕竟这是动物的本能。故事中的儿子本可以将自己家剩下不吃的东西放到门口，狗吃饱了自然就不会擅闯人家。但由于同情心的缺失，儿子竟然要取狗的性命，这就有些过分了。而妈妈本可以劝阻打消儿子的想法，却由于立场的不坚定反被儿子说服。

培养孩子的同情心，妈妈首先要让孩子学会换位思考。有时候，当孩子看到残疾人的时候，就会跟在他们背后模仿残疾人走路，这是非常不礼貌的行为。妈妈应该坚决制止孩子这样的行为，要教导孩子学会换位思考：倘若自己是被模仿的对象，会是多么的痛苦和绝望。妈妈要告诉孩子只有学会同情，才会学会爱人，而学会爱人者，才能拥有一颗感恩的心，受人尊敬和喜爱。

其次，妈妈要大声地表扬孩子有同情心的举动。当妈妈看到孩子有帮助他人的行为时，不要吝啬自己的表扬，要大声地告诉孩子做得对、做得很好。只有妈妈的认可和表扬才能强化孩子正能量的行为，才能鼓励孩子坚持做下去。

妈妈要以身作则，用同情心感染孩子。妈妈对待他人的态度对孩子有很大的影响，所以要将孩子培养成具有同情心、爱心的人才，妈妈首先要注意自己的行事态度和风格。如某些地方受灾，妈妈应该从内心表现出极大的同情而不是冷漠，要鼓励并动员孩子捐款捐物；如果在街上遇见有人乞讨，尽管现在骗子很多也仍建议妈妈不要吝啬兜里的零钱，这些都对孩子同情心的养成有着潜移默化的影响。

妈妈要知道，孩子的同情心和爱心往往都是从小事培养起来的，对待孩子正义和善良的举动妈妈一定要给予肯定和赞扬，这样爱心的种子就会在孩子的心中渐渐发芽，日积月累必将长成参天大树。

而且，从某种意义上来说，孩子的同情心是与生俱来的，这也是人类基因优化选择的结果。但是如果妈妈不努力培养孩子这方面的情感，那孩子就会渐渐地失去同情心，变得冷漠无情。所以，妈妈要掌握好这个度，让孩子爱一点，再爱一点，一点一点地积累自己的感恩之情。

教孩子善待他人

成长中的孩子就像一棵小树苗，需要以善良为根、正直为干、丰富的情感为枝。有了茁壮的根，树苗才能茁壮成长，小树才能枝繁叶茂；而如果没有了根，即使再蓬勃的枝条和花朵也必将枯萎。家庭教育中，妈妈应以善良感染和陶冶孩子的情操，让孩子懂得感恩，善待自己和他人。

王小萌有点不敢相信，平时在电视剧中才有的车祸居然会降临到自己的父母身上，还带走了父亲的生命和母亲的一条腿！残酷的现实让王小萌不得不辍学，靠卖雨花石来补贴家用。

一天清晨，王小萌在卖雨花石的时候，看到一个外国人被几个小贩围住了，热心的王小萌为他解了围，通过英语交谈，王小萌得知这个外国男子叫切尔夫，是个美国人。这是他第一次来中国，于是王小萌很热心地带他游览了总统府和中山陵，闲聊中，切尔夫也了解了王小萌不得不辍学的情况。切尔夫很同情这个女孩，想资助她，却被拒绝了，但是切尔夫并没有放弃。

两个月后，学校的老师来找她，说有爱心人士愿意资助她，希望她顺利读完高中，学费全免，而且每月还有补贴。但老师却始终不肯透露那位爱心人士是谁，直到她考上大学，才知道那个人就是切尔夫。

跟老师要来了切尔夫的联系方式，王小萌经常跟切尔夫通过邮件联系。毕业后王小萌和男朋友开了个公司，经营得很好。但这时，王小萌却得知切尔夫破产了，并且检查出了癌症，于是，王小萌立刻决定把切尔夫接到中国治病，并负担高昂的手术费。为此，王小萌花光

妈妈改变1%，孩子改变100%

了为数不多的储蓄，而且男朋友也因种种原因和她分手了，但是她并没有任何抱怨。王小萌的善良和坚强，给了切尔夫活下去的勇气，使他重新振作了起来。

常言道，"人之初，性本善"，每个人生下来都具有善良的本性，可是如果教育不当，这点善良就会渐渐泯灭。处于成长阶段的孩子往往缺乏是非判断能力，遇到事情的时候，就需要妈妈的言传身教来引导孩子的成长了。

在教育孩子要感恩的时候，妈妈要向孩子展示自己的善良，通过自身的表现，来让孩子学会善待他人。相反，如果妈妈对人对物常常表现出麻木不仁的心态，那么孩子也很难继续保持自己的善良。很多时候，妈妈总会用世俗、消极的观念来教育孩子，让孩子对善良产生了质疑。许多妈妈为了保护孩子不吃亏，常常向孩子灌输这样的理念："人不为己天诛地灭"、"人善被人欺"、"与别人打架宁可赔钱也不能伤着自己"等。也许妈妈本意是告诫孩子保护自己，可这种教育的尺度却很难把握，一旦出现偏差，就会在孩子心中埋下有毒的种子。

"把作业借我抄一下。"张枫对坐在后面的赵普说。

"不行，老师不让抄作业，你还是自己写吧。"赵普是个很老实的学生，从来不敢违背老师的话。

"你借不借？"张枫有点生气了。

"真的不能借给你，老师知道了会批评我的。"赵普为难地说。

"不借也得借！"张枫说着便一把抢过赵普的作业本，赵普想抢回去，不想却惹怒了张枫，他一生气，把赵普的作业本撕得粉碎。

"你……你太过分了！"赵普大声嚷道。

"谁让你不借的，活该！"说着还动手打了赵普一拳，两个男生便因此打了一架。

事后，有人问他们为什么不能好好谈而非得打架，两个孩子都说："因为我妈妈说，在外面绝对不能吃亏，被人欺负就得打回来！"

故事中的两个孩子做事都有些偏激，这和妈妈的教育脱不了干系。因为妈妈的不能吃亏的教育理念，孩子才会出手伤人。因此，在生活中，妈妈应该教育孩子要多"吃亏"，要善待他人，并让孩子尝试用沟通的方法解决问题。此外，妈妈也应该多带孩子参加集体活动，让孩子体验交友的乐趣，并在这个过程中更多地接触社会生活，丰富自己的知识和阅历。这样，孩子认识世界、分析问题的能力会逐渐提高，在面对周围的一些人或事时会变得更加理性，冷静地与人交流沟通，同时也能培养孩子善良的品质，让孩子在和他人相处时，以善为本。

培养孩子善良的品质，妈妈首先要教孩子学会去爱。爱是善良最好的体现，妈妈不仅要传授孩子爱的方法，还要让孩子亲自去实践。向孩子传授爱的方法，就是让孩子学会去关心他人、爱护他人、凡事替他人着想。

"妈妈，我拿奖了！"孙倩倩一进家门就开心地冲妈妈喊道。

"是吗？我看看！"妈妈笑着跑了出来，接过孩子手中的奖杯，"校舞蹈大赛第一名！我们家倩倩真棒！"

"你看，还有奖金呢！"孙倩倩晃动着手中的一百元钱。

"倩倩太棒了！妈妈给你做好吃的，犒劳犒劳你！"妈妈笑着往厨房走去。孙倩倩跟到了厨房，犹豫着跟妈妈说："妈，我跟你商量个事儿呗！"

"行啊！你说。"妈妈一边忙碌着一边说。

"我想用我的奖金给隔壁的老奶奶买一件衣服。老奶奶无儿无女的也没人照顾，她好久都没有穿过新衣服了，我觉得好可怜啊！"孙倩倩一脸的怜悯。

"恩。倩倩做得对。"妈妈赞赏地看着孙倩倩，"妈妈再给你凑一点钱，咱们给老奶奶买点补品补补身体。"

"太好了妈妈，老奶奶一定会很高兴的！"孙倩倩开心地笑了。

妈妈也开心地说："好，你先去想想具体需要买什么，下午咱们就去。"

妈妈的善意之举是孩子善良品质最好的保障。当孩子出于善意提出帮助他人时，妈妈的支持与鼓励才是最好的回答，这样孩子善良的品质会得到加强，孩子的心灵也会因为善良而变得更加纯净和美好。

对"仇敌"也要心存感激

豁达是一种容人的态度、一种宽广的胸怀。古今中外，成大事者往往拥有心胸开阔、豁达大度的气概。一个心胸豁达的人，不会被眼前利益所动，更不会为了一己私欲而对自己不好的人心存怨恨。妈妈在教育孩子时，也要让孩子学着对"仇敌"感恩。不要因为对方是自己的对手、敌人，而对对方心存怨恨，要知道，如果没有对手，我们又如何能发现自己的不足，获得成功呢？

2008年北京奥运赛场上，美国选手、射击运动员埃蒙斯，在男子50米步枪3x40决赛中，在前九枪领先第二名3.3环的情况下，最后一枪打出了让人瞠目结舌的4.4环。

而在四年前的雅典赛场上，他距离冠军只差7.2环，却因最后一枪脱靶，把子弹射到人家的靶上而将金牌拱手让给了中国对手。

这一次，他只需要一个自己闭着眼都能打出来的6.7环就能一雪前耻，却莫名其妙地只打了4.4环，再次让中国人夺了冠。

但埃蒙斯失利后，依然大度地拥抱其他选手。当大家都对此表示遗憾时，埃蒙斯很快就看开并表示，他会出现在2012年的伦敦赛场上。

可现实生活中，许多孩子却没有这种豁达的胸怀，一旦他们和朋友发生纠纷，总是"以眼还眼、以牙还牙"，不能吃半点亏。而妈妈在教育孩子的时候，也总是说"吃什么也不能吃亏"，让孩子变得越来越心胸狭窄、小肚鸡肠。

"肖肖，妈妈在这儿。"妈妈在校门口一看到宝贝儿子便赶紧招呼道。

"气死我了！"肖肖阴着脸没有理妈妈径直往前走去。

"怎么了？这是怎么了？谁惹你了？"妈妈赶紧跟上前问道。

"还有谁？刘小胖！"肖肖气狠狠地说，"他一向就不能看我好。"

"刘小胖啊！你们不是不玩儿了吗？"妈妈想起来刘小胖以前和儿子走得很近，可他们前不久因为一点事闹别扭了。

"就是因为不跟他玩儿了，他就害我。"肖肖气愤地说，"今天我们上周测验的成绩出来了，我考了我们班第12名，比平时进步了5名呢。老师都表扬我了，可是刘小胖在全班嚷嚷着我是抄别人的试卷才考这么高的。"

"他凭什么这么说？"妈妈又说，"那同学和老师也都相信了？"

"同学们都议论纷纷，看到我就指指点点的，我也不知道他们信不信。"

"这个刘小胖，太不像话了！这不毁我儿子的名誉嘛！"妈妈生气地说。

"是啊！老师都找我谈话了，问我抄没抄。气死我了。"

"你没抄吧，肖肖？"妈妈突然问道。

"妈，怎么连你也不相信我？我当然没有抄了，刘小胖就是污蔑、诽谤。"

"走，咱们找他去。"妈妈拉着儿子说，"你知道他们家在哪儿吧？我要找他妈妈说理去，必须让他们好好管教一下他们的好儿子。"

"啊？"肖肖虽然很气愤但是从没想过要到刘小胖家里去，"还是别去了，不太好。"

"没出息！你退一步他以后还会欺负你的，有妈在你怕什么？走，带我去找他，这事一定要讲个清楚才行，不能白白吃亏啊。"

　　人的一生总是会碰到各种各样的麻烦，每个人都可能被误会、被污蔑，这其实是再正常不过的事情。如果受一点委屈就与人相争、大动干戈，这不仅会让我们变得越来越暴躁、狭隘，还会在无形中破坏我们与更多人相处的机会。所以，妈妈在保护孩子的同时，一定要用对方法，要教导孩子用平和的心态去面对"敌人"，而不是教他如何斤斤计较、小肚鸡肠。妈妈应该帮助孩子分析原因，如为什么别人会诽谤自己，自己哪里做得不好等，告诉孩子每个人都会犯错，正确的应对方式是以德报怨，宽容他人，给他人一次改过自新的机会，让孩子养成豁达的高尚品质。

　　王雅丽特别黏妈妈，每天起床，都得让妈妈帮她穿衣服、洗脸、做饭吃才行。这天早上，妈妈不小心打碎了一个花瓶，流了满桌子的水，急着收拾桌子和玻璃碎片，就让爸爸去叫王雅丽起床穿衣服了。

　　可妈妈才刚收拾一半，就听到王雅丽又哭又闹的声音，她赶紧放下手里的活，跑过去问："雅丽怎么了？是爸爸欺负你了吗？"

　　"妈妈，我要妈妈帮我穿衣服，爸爸总扯住我的头发，很疼的。"王雅丽一溜小跑来到妈妈面前，委屈地说道，"为什么妈妈不来叫我起床？"

"就因为妈妈没来，你就哭了？"妈妈哭笑不得地问。

王雅丽用力地点头回答道："对啊，我要妈妈来叫我起床。"

"妈妈本来是打算叫你起床的，可是客厅的花瓶不小心被妈妈打碎了，手还差点划伤了，要收拾那个花瓶，就没时间来了啊。"妈妈解释道。

王雅丽却嘴一撇，说道："肯定是借口，妈妈不想叫我起床了。"

妈妈赶紧把受伤的手指伸出来，对她说："怎么会是借口，你看，手指都划伤了，妈妈好可怜，都没人心疼。听到你哭，妈妈赶紧跑了过来，却没人感激一下。"

"妈妈……"王雅丽这才知道真的是自己错了，赶紧低下头认错，并心疼地对妈妈说，"妈妈真可怜，既然妈妈受伤了，那就换雅丽来照顾妈妈，好吗？我们先去洗脸，然后我帮妈妈拿牛奶和面包，帮妈妈做早饭。"

"哎呀，我女儿这么会疼人啊，真是个乖孩子。"妈妈捧着王雅丽的小脸，吧唧就亲了一口。王雅丽也回亲了一口，自豪地说道："嘿嘿……这是为了谢谢妈妈一直辛苦地照顾我和爸爸啊。妈妈不是曾经说过，做人要懂得感恩？刚才是我不对，无理取闹，其实爸爸叫我起床也挺好的，我很喜欢爸爸。"

妈妈欣慰地摸了摸她的头，笑道："对，我们要怀着一颗感恩的心，来面对这个世界，任何时候，都要对生活心存感激。"

培养孩子豁达的做事风格，妈妈要注重榜样的力量。平常生活中，多给孩子讲讲历史上或发生在自己身边的"宽以待人"的故事，或自己宽容他人等类似的故事，不断感染和熏陶孩子，让孩子树立起宽容的信念，逐渐养成豁达的性格。

孩子的眼界有时候也决定了孩子的性格。人的视野会影响他的性格，一个眼界狭小的人，做事很难想得长远，当然也不容易原谅他人的过错；相比之下，见多识广的人就更容易想得长远一些，从而包容他人，心胸开阔。所以，妈妈一定要多教孩子学会以德报怨，多原谅别人一次，多宽容和理解别人一些。

第三章
妈妈多点责任心，孩子的自律性会更强

孩子管不住自己，这一直是很多妈妈的心病。为了让孩子能改变这一不良习惯，有的妈妈试了很多方法，如硬逼着孩子做作业，但是效果并不好。教孩子自律真的有那么难吗？其实只要办法找对了，难题也会变得容易。只要妈妈改变以前的方法，多点责任心，孩子自律很简单。本章从相信孩子自律，到用责任感帮助孩子自律，详细地为妈妈们介绍了不同的教孩子自律的方法，让孩子自律不再是难题。

有责任感的孩子是细心的妈妈培养出来的

有的妈妈可能会觉得,孩子这么小,还什么都不懂呢,现在就培养他的责任感是不是太早了?那么请问,什么时候培养孩子的责任感比较合适呢?难道要等孩子成年之后?妈妈们不觉得等到那时候已经晚了吗?孩子都到了走上社会的年纪,却还不知道什么是责任感,这样的孩子在社会上妈妈们会放心吗?

所以,孩子的责任感要从小培养,长大后步入社会,他们才能做一个顶天立地的人。没有责任感的人是不被社会所需要的,人们常说"责任重于泰山",可见,在人们的心里有时候责任是和生命一样重要的,那些有责任感的人们总会受到人们的敬仰。

一天,一个十多岁的小男孩正在和小伙伴们踢足球,大家踢得热火朝天的时候,"哗啦"一声,玻璃碎掉的声音让喧哗中的孩子们立刻安静了下来,原来这个小男孩踢足球的时候用力过猛,球直接飞到了邻居家,很不幸地砸碎了人家窗户上的玻璃。

这群吵闹的孩子吵得他没办法休息也就算了,现在居然得寸进尺地又打碎了他家的窗户!想到这,邻居更加生气了,他气冲冲地走向那群孩子:"谁打碎的玻璃?"

大家都指向那个小男孩,邻居轻蔑地瞟了他一眼,淡淡地说道:"12美元。"

妈妈改变1%，孩子改变100%

"什么？"小男孩显然没明白他的意思。

"砸碎玻璃的钱，给我12美元，我就饶了你。"邻居难得地耐心解释道。

12美元，对小男孩来说可是个天文数字了，够妈妈买好多鸡蛋了，小男孩难过地边走边想，还郁闷地踢了一路的小石子。他自己弄不来那么多钱，回家后只好向妈妈坦白，他知道这肯定会让妈妈很为难的，强烈的责任感让他不断地向妈妈忏悔。

见到儿子难过的样子，妈妈心里很不忍，她相信自己的孩子不是故意的，沉思了一会儿，妈妈开口了："这笔钱是我借给你的，但是事后你要一分不差地还给我。"

男孩儿点了点头，郑重其事地说："妈妈，请放心，我一定会把钱还给你的。"他明白妈妈的意思，妈妈是想让他用劳动承担自己的过失。男孩儿接过这笔"天文数字"的钱，跑去还给邻居之后，就开始四处找零工。

虽然打零工的钱不多，但是积攒下来也是一笔不小的数字了，半年多后，小男孩终于凑够了当初借妈妈的12美元。妈妈在接过这些钱之后，虽然没多说什么，但是眼神里却充满了赞赏。

这个男孩后来很有成就，而每当工作上的重重困难压得他喘不过气来的时候，他就会想起小时候的事情。妈妈让他用劳动去承担自己的过失，让他明白了什么是责任。"现在的工作就是我的责任。"他常常对自己说。

小男孩打碎了邻居的玻璃，他的妈妈并没有像一般妈妈那样，直接给孩子钱，而是把钱"借"给他，这并不是无情，而是更深更负责任的爱。看到这个故事，妈妈们是不是该做些改变了？培养孩子的责任感，靠说是不够的，让孩子亲身体验才是更好的方法。

孩子的责任感是经过长时间累积起来的，因此妈妈们要做好打持久战的准备，让孩子在平时的生活中感受到责任感的重要性，这样孩子在遇到事情的时候，才不会"理论"和"实际"脱节，正确对待自己的事情。那么妈妈们该如何培养孩子责任感呢？

首先，妈妈们应该让孩子从小事做起。有时候事情虽小，但是所包含的道理和大事是一样的，比如答应别人一起去打球和答应送别人一张巨额支票，其道理都是说到就要做到，不能因为打球这件事比较小，就说了不算。

有一次，曹操的官兵在经过麦田时，都下马用手扶着麦秆，小心地蹭过麦子，这样一个接着一个，相互传递着走过麦地，没有一个敢践踏麦子。老百姓看见了，没有不称颂的，有的望着官军的背影，还跪在地上拜谢呢。

曹操骑马在前，忽然，田野里飞起了一只鸟儿，惊吓了他的马。他的马一下子蹿入田地，踏坏了一片麦田。

曹操立即叫来随行的官员，要求治自己践踏麦田的罪行。官员说："怎么能给丞相治罪呢？"

曹操说："我亲口说的话都不遵守，还会有谁心甘情愿地遵守呢？一个不守信用的人，怎么能统领成千上万的士兵呢？"随即抽出腰间的佩剑要自刎，众人连忙拦住。

这时，大臣郭嘉走上前说："古书《春秋》上说，法不加于尊。丞相统领大军，重任在身，怎么能自杀呢？"

曹操沉思了好久说："既然古书《春秋》上有'法不加于尊'的说法，我又肩负着天子交给我的重要任务，那就暂且免去一死吧。但是，我不能说话不算话。我犯了错误也应该受罚。"

于是，他就用剑割断自己的头发说："那么，我就割掉头发代替我的头吧。"

曹操又派人传令三军：丞相践踏麦田，本该斩首示众，因为肩负重任,所以割掉头发替罪。

以曹操的身份来说,践踏麦田这种小事,即使他下过命令,但是只要他不提出,相信是没有人敢指出他的马踏过田地这件事的,但是他还是割发谢罪,这不是作秀,只是为了实践自己的诺言,为自己说过的话负责。所以妈妈们千万不要以为在小事上培养孩子的责任心没有效果,很多结果证明细微之处更能体现一个人的本质。

其次,妈妈应该给孩子树立一个有责任感的好榜样。妈妈对孩子的影响是很大的,孩子的很多生活理念都是从妈妈那里学来的,如果妈妈能以身作则的话,不仅能给孩子起到好的示范作用,还会放大自己在孩子心中的形象。

最后,妈妈应教育孩子做好分内的事。这种分内的事有很多,比如自己的衣服自己洗、自己整理房间,通过这样的方式让孩子明白每个人都应该对自己的事情负责,这样的话,孩子在做事的过程中就会慢慢有体会,责任感也会随之建立起来了。

妈妈的必修课:培养孩子的责任感

刘晓伟这个孩子很喜欢帮助别人,见到谁需要帮助就会立刻伸出援助之手,本来这是一件好事,但他有些缺乏耐心,如果是长时间做一件事情,他就会"虎头蛇尾",要么应付一下就交差,要么直接放弃不做了。

这一天,刘晓伟的妈妈准备泡腊八蒜,刚坐下来剥点蒜,一个电话打过来,她不得不出一趟门。

"我来帮你剥，妈妈。"刘晓伟自告奋勇地站了出来。

妈妈看到孩子这么热心，狠狠地夸奖了一番，把剥蒜的活交给刘晓伟后，就急急忙忙出门去了。

晚上，当妈妈拖着疲惫的身体回到家后，刚想说把蒜泡起来时，却发现刘晓伟并没有帮她把蒜剥好。

"这是怎么回事？"妈妈生气地把刘晓伟叫了过来，问他："你不是说要帮妈妈剥好吗？为什么没有剥？"

"太难剥了，我就不想剥了。"刘晓伟回答道。

妈妈说："那妈妈走之前，你是怎么对我说的？这是你自己主动要求做的事情，为什么要半途而废？"

"可是蒜味很大啊……"刘晓伟虽然有些心虚，但并不觉得自己犯了多大的错误，他说："再说，这本来就是妈妈准备做的事情，我好心要帮你，你怎么还怪我没做好呢。"

"你这孩子，竟然还敢顶嘴！"妈妈又累又气，随手抓起沙发上的靠垫向儿子砸了过去。

刘晓伟虽然躲开了妈妈的"攻击"，但他心里却不好受，认为妈妈太大惊小怪了，也闷闷不乐地回到了自己的房间，决定这段时间不和妈妈说话了。

爸爸下班后，妈妈想把这件事告诉爸爸，让他好好"教训"晓伟一下，但后来想了想觉得这样不妥。她翻出了一本书，书里介绍的是刘晓伟最向往的国内的一所知名军校。

"儿子，你不是一直想读这所军校吗？"

"对啊，以后我一定要考上这所学校，做一名出色的军人。"

"但是你现在这个样子，是不合格的，学校是不会收你的。"妈妈面无表情地说道。

"为什么？我哪儿没有做好？"

"因为你没有责任心，不管在哪里，责任心是最重要的，一个没有责任心的人是不合格的,没有哪个军校希望收一个不负责任的学生。"妈妈说。

刘晓伟见妈妈说得这么严重,觉得十分沮丧,想想以前答应别人却没有完成的事情,还有今天的"剥蒜事件",确实很没有责任心。

"我……那我要怎么做呢?"他问。

妈妈说:"这样吧,从今天起咱们立个家规,这家规的第一条就是做人要有责任心!具体怎么做,妈妈会告诉你的,怎么样?"

"这样就能合格了吗?就能进这所学校了吗?"

"起码能为你多加一分,只要你付出努力,自然会有收获的。"

"好,我会努力的。"刘晓伟开心地说道。

为了教育晓伟,要他做一个有责任心的人,妈妈投其所好,以晓伟的梦想为出发点,不仅教育了晓伟,还化解了母子之间的不快。美国的西点军校就很注重学生的责任心培养,在新生入学时,学校会对学生进行重重考验,而第一关就是关于责任心的测验。

妈妈一般对孩子比较宠爱、宽容,这让孩子变得没有责任感,凡事依靠妈妈解决,总认为自己并不用为任何错误承担责任。殊不知,在现实生活中,不仅仅只是西点军校对学生有这样严厉的要求,社会上的各行各业都不愿招一个不负责任的员工。

"冰冻三尺非一日之寒",一个人的责任感也不是一朝一夕就能培养出来的,因此,妈妈应该在孩子小的时候就细心教导,让孩子尽早地有较强的责任感。那么,妈妈该如何培养孩子的责任心呢?说教打骂想必妈妈们已经试过了,效果并不是很好,那么就改变方式吧。讲究技巧才是教育的硬道理。

刘飞今年14岁了,成绩一直很不错,但是妈妈并没有为此而高兴,相反对于儿子平时的表现,妈妈很头疼。

"奶奶，帮我收拾一下房间吧。"这天刚吃过饭，刘飞就把奶奶叫到了房间，奶奶一看，房间里的一个角落，一瓶墨水弄洒了，在地上形成一个发散形图案。

"这是怎么一回事？"

"我不小心弄洒了，奶奶你帮我收拾一下，我还要写作业呢。"

奶奶一听，立刻就去找拖布了，不能让宝贝孙子耽误学习啊，但是走到门口被妈妈阻止了，"为什么不自己收拾？"

"我还要写作业啊。"刘飞理直气壮地说。

"你可以收拾完再写作业，自己要对自己的行为负责。"

"可是……我没时间……"刘飞胡乱说道。

妈妈听了他的理由十分不高兴，便冷着脸说："那奶奶也没时间。"

刘飞愣住了，不知所措地看着妈妈。妈妈停了一会儿，才放缓声音说："做人要有责任感，要为自己的所作所为负责，如果现在是爸爸不小心弄洒了东西，让你收拾，你会怎么想？"

"我……爸爸弄洒的凭什么让我收拾？"

"那你弄洒的为什么让奶奶收拾？"

妈妈的话很有道理，让刘飞无从反驳。"妈妈，我自己收拾，收拾完我再写作业。"刘飞慢慢走到了奶奶面前，拿过了她手里的拖布。

刘飞弄洒了墨水却让奶奶帮忙来擦，虽然长辈照顾孩子天经地义，但如果包办孩子的一切事情，只会让孩子变得随心所欲，不懂得为自己的所作所为承担责任。刘飞的妈妈既没有宠着儿子，也没有打骂他，而是用站在他人的角度来和他讲道理，用实例告诉他做人要承担责任。

此外，妈妈们还可以用游戏的方式教孩子负责任。比如，妈妈可以和孩子玩军官游戏，孩子当军官，妈妈当兵，让孩子安排"作战"方案，负责整场"战役"。一般孩子对这种游戏会十分感兴趣，当上"主帅"的他为了胜利，肯定会承担起责任，努力做好部署的。如果胜利，就能让孩子获得成就感，如果输了，妈妈就可以趁机教育孩子要负起责任。

妈妈要教孩子对自己的行为负责

有不少妈妈可能都做过这样的事：孩子在外面闯了祸，妈妈着急地赶来后不是先教育孩子道歉和承担错误，而是自己先替孩子道歉，再来训斥孩子。妈妈这样的做法不但不会得到孩子的理解，让孩子认识到自己的错误，反而会让孩子产生"反正妈妈都会替我承担"的想法。这样一来，孩子不管什么时候都学不会为自己的错误"买单"，这对孩子的健康成长是很不利的。

周末，许春慧在家里玩，不小心把妈妈最喜欢的一本书给撕破了，春慧知道妈妈回来后一定会惩罚她的，所以她很快地找到了外婆，对外婆说："外婆，我不想挨妈妈训。"

外婆平时最疼春慧，此时见她这么可怜的模样，就连忙说："没事，有外婆在呢，等妈妈回来后，就说是外婆不小心弄坏的。"

果然，妈妈回家后看到书被撕坏了十分生气，就问："这是怎么回事？"

春慧连忙说："是外婆拿着书玩，不小心撕坏的，外婆太不小心了。"

"你怎么知道是外婆弄坏的？"妈妈一听就知道其中"有诈"。

"我就在旁边玩,亲眼看见外婆弄坏的。"小家伙说谎一点也不脸红。

"如此看来,你是同谋?"妈妈一听女儿的话就知道书是她弄坏的,竟然还撒谎。刚想批评她,就见外婆走了过来。

外婆说:"是我弄坏的,别对孩子发火,要骂就骂我好了。"

妈妈听后,虽然明知道她们在说谎,但也无可奈何,她知道不管怎么样外婆都会护着春慧的。

但是这并不代表她就放弃对女儿的教育了,这一天,她把外公也请到了家里来,想让明事理的外公教教春慧,也"管教"一下自己的老婆。

果然,当春慧不小心把外公的眼镜摔碎时,外婆又站了出来,主动承认了自己的"错误"。

"哎呀!瞧我这粗心的,居然把眼镜碰掉了。"外婆说。

但外公亲眼看到是春慧碰掉的,刚才的一幕让外公很不高兴。

于是,外公对外婆说:"你现在替春慧承担错误,不是在帮她,而是在害她。形成习惯后,不论她犯了什么错,都会让别人去承担。这样一来,春慧永远也不会意识到自己肩上的责任有多重,也不会认识到自己的错误,不知道犯错会有什么样的不良后果。而且,你替她承担错误的行为,本身就是个错误。你得让她学会自己的错自己担,这样总惯着她怎么能行呢?"

春慧是个"聪明"的女孩,很会利用外婆的宠爱和在家里的权威,让外婆替自己承担错误,但是外婆只知道不让外孙女受委屈,却忘了培养春慧的责任感。而聪明的妈妈选择了"借势"教育孩子。最有威严的外公的一句话,就结束了这种错误的爱孩子的方式。孩子做错了事,妈妈不但要指出孩子的错误,还要教他学会对自己的错误负责,不管有什么样的后果,都应让孩子主动去承担,而并非替孩子承担。妈妈替孩子承担错误,

妈妈改变1%，孩子改变100%

并不是爱孩子的表现，而是溺爱的行为，这样做，只会让孩子渐渐变得越来越没有责任心，失去自我反省的意识。

另外，妈妈不要过于指责孩子的错误。孩子对是非的认知能力是随着年龄的增长而逐渐加强的，当孩子是非观念不强时，会犯错是很正常的。妈妈不能因为孩子总犯错，就对孩子又是批评，又是训斥，这样只会打消孩子认错的决心，就算他认识到自己的错误，也不会主动承认。妈妈可以在孩子犯错后，用循循善诱的方式引发孩子的内疚感，让孩子逐渐自我反省并勇于承认自己的错误。

很多时候，孩子并不是无缘无故就犯错的。如果妈妈在没有问清原因之前就批评孩子，可能会引起孩子的叛逆心理。而这时候，妈妈应放下长辈的身份，向孩子道歉，为孩子树立一个知错就改的好榜样。

晚上，妈妈下班回家就直接进了厨房，为一家子张罗晚饭。突然院子里哐啷一声，打断了妈妈正在进行的一切，好像有什么东西被打碎了。妈妈赶紧跑到院子里去查看，发现小辉正茫然无措地站在院子里的大水缸前，而他身后的水缸已经碎掉了。

"这水缸是怎么回事？"妈妈生气地问。

小辉赶紧摇头，一脸急切地说："不是我打碎的，是它自己碎掉了。"他最怕的就是看到妈妈生气了，一紧张，差点连话都说不清楚。

"水缸好好地放在那，你不去碰它，它能碎掉？做了错事还不承认，是不是想挨打了？"

"真的不是我打碎的。"小辉委屈地低下了头。

妈妈却不再听小辉"狡辩"，狠狠地教训了他一顿。挨了打的小辉委屈地抹着眼泪。

爸爸下班回家后看到院子里的缸坏了，而小辉眼睛红红地站在墙角，便问："怎么回事？"

"妈妈说我打碎了水缸，让我在这里罚站，可我真的没有打碎它，我就从旁边走了过去，结果缸自己碎了。"小辉抽噎着说。

爸爸点点头，把他叫进了屋里。妈妈见儿子进屋，十分生气，"不是让你罚站呢，怎么进来了？"

"是我让他进来的。"

"你还想包庇他？"

"院子里的水缸本来就裂开了，而且还是周末的时候你和朋友们打球时不小心击中的，当时我就想把它移走，怕突然碎了伤到人，你怎么就忘记了？"

"我……"妈妈这才想起来，知道自己真的错怪儿子了。

她心虚地看了眼儿子，说："其实，打你也是为你好……"

"我才不稀罕你对我好呢。"儿子抹着眼泪跑回了自己的房间。

很多时候，妈妈会根据自己的主观意识不分青红皂白地责骂孩子，但有时候却是骂错了人、怪错了事，让孩子受了委屈。面对自己的错误，妈妈经常用的借口就是"打你，是为你好"。事实真的如此吗？

如果这样的事情经常发生，孩子可能就会"有样学样"，变得也不愿意承认自己的错误，孩子会觉得，反正妈妈犯错都可以不用承认，我为什么要承认呢。因此，当妈妈错怪了孩子的时候，一定要向孩子道歉，并承认自己的错误，为孩子做出表率，让孩子在妈妈的影响下，变得勇于承认自己的错误。

妈妈改变1%，孩子改变100%

成就妈妈的梦想，教出善始善终的好孩子

笑笑的妈妈爱做针线活，每到周末的时候，她都会找来一些碎布料，拿着剪刀剪来剪去，然后用缝纫机缝好，不出半天，一个可爱的兔子抱枕就做好了。笑笑总是很崇拜地在旁边看着妈妈以及妈妈的作品，自己也有做出点东西来的冲动。

"妈妈，我也能做个小兔子吗？"这个周末，笑笑终于心痒痒地忍不住了，妈妈刚把碎布料拿到桌子上，她就巴巴儿地跑了过来，很认真地恳求道，"我保证会做得比妈妈还好，妈妈就教教我吧。"

"教你没问题，但你中途嫌累怎么办？我可不允许别人浪费我的宝贝布料。"妈妈煞有其事地说道。

笑笑想了想，马上举起右手，像宣誓一样对妈妈说："我保证完成任务，绝不半途而废。"

"你的保证，妈妈能相信吗？万一又像在奶奶家一样……"妈妈拉着长音说道。

原来，笑笑在奶奶家住过一段时间后，做事情不仅拖拉，还总是不认真负责，责任感一点也不强烈。为此，妈妈愁坏了，害怕笑笑空有智商，却无情商，怕她以后步入社会也习惯于做事半途而废。

事实上，妈妈早就知道笑笑很崇拜她的手艺，想亲自动手做些什么东西。但妈妈从没提出过教她做东西，目的就是想让她提起兴趣并

52

主动要求。这样，妈妈就有办法根据她的兴趣，慢慢纠正她做事半途而废的毛病了。

"我……我要是做不完，我今天就不吃饭！"笑笑见妈妈为难她，便发下了重誓。要知道，笑笑可是最喜欢妈妈做的饭菜，让她不吃饭，可是对她最大的惩罚了。

妈妈见目的达成，也就不再继续为难她，挥挥手让她坐在自己身边，缝纫机之类的东西暂时不能让她碰。妈妈先拿出几块裁好的布料，让笑笑把边缘剪得整齐一些，再慢慢教她如何把裁剪的布料缝起来。

就这样，一整天的时间里，笑笑虽然偷了几回懒，但最终还是坚持着把妈妈交给她的任务完成了。

其实很多孩子和笑笑一样，"善始者多，克终者寡"，所以妈妈在教育孩子的时候要格外小心，尽力让孩子养成善始善终的好习惯。做事善于坚持到底的孩子，获得成功的机会往往要比其他孩子多，那些做什么事都半途而废，碰到一点点困难就轻言放弃的孩子，走向社会之后，很难克服人生道路上的重重困难，做出突出的成就。

因此，妈妈的教育重任之一就是，从小培养孩子做事坚持到底，即使遇到阻碍也不要轻易放弃。下面的几种方法，妈妈们可以作为借鉴。

首先，妈妈们不要急于替他解决难题。平时生活中，当孩子遇到一些挫折或难题时，妈妈不应立即去替孩子解决难题，而是应该尽量鼓励孩子再想想其他办法，让他多尝试几次。若妈妈在任何事情上都给予孩子过多帮助，甚至对他的事大包大揽，那么久而久之，孩子就会产生很强的依赖性，遇到任何困难都会想着找妈妈来解决，而不是自己继续坚持下去。

妈妈发现小明最近有点不太对劲，因为以前小明很少向她请教学

妈妈改变1%，孩子改变100%

习方面的问题，通常都是自己先思考，不会的时候才会来找她。但是一连好几天小明每天差不多要向她问十几道题，老师留的作业也不过如此。最让她感到疑惑的是，有的题很简单，只要稍动脑子就会，小明的数学成绩虽然不是很好，但也不差，不应该不会。

今天小明又来向妈妈请教了，而这个题昨天讲过一个类似的，于是妈妈说："小明，这个题比较难，妈妈一个人做不出来，咱俩一块做好吗？"

小明很喜欢挑战难题，他很喜欢做出一道别人没做出的难题时那种自豪的感觉。妈妈的一句话立刻挑起了小明的兴致，不一会儿，妈妈还在"思考"，小明就已经把结果亮出来了。

"这个题你会，为什么还要问妈妈呢？"

"老师说这几个题都比较难，而我的数学成绩一直不好，所以我就没看，直接拿来问你了……"小明低着头偷偷地看了妈妈一眼，接触到妈妈严厉的目光，把头垂得更低了。

"小明你做事不能只靠妈妈，要努力着自己试试看，你现在可以找妈妈帮你，考试的时候怎么办呢？你不能靠妈妈一辈子的，所以你要自己试着去解决以后的问题，知道了吗？"妈妈看了小明一眼，接着说道，"小明，相信自己，你做得很好的，不是吗？"妈妈拿起小明刚才解的那道题，在他面前晃了晃。

"我知道了，妈妈，以后我会努力的。"

其次，妈妈要为孩子营造良好的成长环境。很多时候，孩子不能坚持做完某件事，并不是因为他中途遇到了困难，而是受到周围其他事物的干扰，这使他无法静下心来继续完成任务。所以，当孩子在做某事时，妈妈应注意帮他排除有关的干扰，如孩子写作业时，妈妈应尽量少走动，避免大吵大闹或将电视声音开得很大，以免分散孩子的注意力。

再次，妈妈在引导孩子做事时要看过程重于看结果。对孩子而言，做一件事的过程要重于其结果，因为在这个过程中，孩子要不断思考问题、分析问题，要独自面对其中的一些难题，要通过自己的努力去解决这些难题。这一系列过程，正是培养孩子坚持性的关键。倘若妈妈教育孩子重结果而轻过程，那孩子很容易投机取巧，甚至找人代办，那样的话不仅不会教育好孩子，还容易让孩子走上歪路。

最后，妈妈给孩子的任务要适度。孩子做事半途而废，有时是因为他接受的任务难度太大或任务量太重，是他力所不能及的。这种情况下，孩子很容易灰心丧气，并因此而无法坚持到底。因此，在培养孩子做事坚持到底的习惯时，妈妈要适时适量地给他布置任务，任务不能太多、太难，否则孩子只体验到了任务的艰难，没体验到成功的乐趣，这样的话孩子很容易就会想到放弃。

妈妈会奖励，孩子自律更有动力

孩子总是管不住自己，开始的时候信心满满地说自己一定能按时完成作业，可是到最后，当初的豪言壮语变成了偃旗息鼓。孩子的自律问题成了妈妈的大苦恼，如果孩子一直这个样子，做事虎头蛇尾，长大后别说有一番成就了，找个好工作都不是件容易的事情。

造成孩子自律性差的原因有很多，如对所做的事情缺乏兴趣、习惯性的做事拖拉、没有良好的习惯……据调查发现，孩子的兴趣不足在这些原因中占的比例较大，对于性格尚在塑造期的孩子，兴趣能战胜其他的不良影响，促使孩子努力完成自己喜欢的事情。本节要讲的奖励方法

妈妈改变1%，孩子改变100%

就是相比之下一个很有效的途径。孩子们怎么会讨厌一个给他带来奖励的事情呢？

　　已经很晚了，明天还要上课，可是郑小红并没有去睡觉，而是趴在桌子上奋笔疾书。是今天老师留的作业太多了吗，还是今天的数学题比较难？都不是，真正的原因是……小红只顾着看电视，忘了写作业了，而明天必须要交，所以她在加班。

　　本来妈妈是让她先写完作业再看电视的，只是今天晚上隔壁一个人住的刘奶奶生病了，妈妈督促完小红就去照顾刘奶奶了，回来之后小红骗妈妈说她已经做完了。

　　但是妈妈现在已经意识到自己被小红骗了，而她决定以后不会再让这样的事情发生，她要想办法让小红管得住自己，就从写作业这件事开始。

　　"小红，来看看这条围巾喜不喜欢。"妈妈的计划开始了。

　　"好漂亮，是给我的吗？"小红第一眼看到这条围巾就喜欢上它了，说着就想从妈妈手里拿过来，想照着镜子试试，但是妈妈立刻把手收回，不让小红有拿到围巾的机会，这让小红很不解，只好茫然地看着妈妈。

　　"如果你今天按时写完作业的话……"妈妈犹豫着开出了条件。

　　"那它就是我的了？"小红充满希望地问，渴望得到一个肯定的回答。

　　"它的1/14就是你的了。"

　　"啊？"妈妈在说什么啊？小红觉得她听不懂，妈妈不会是"委婉"地表示她要乖乖听话两星期吧……

　　"就是你想的那样，每天1/14，两星期都要乖乖地按时完成作业，然后这条美丽的围巾就是你的了。"

　　她最喜欢的电视剧正好还有两星期就播完了，偏偏节骨眼儿上遇到这样的难题，这是明摆着让她鱼与熊掌不可兼得嘛！谁想的这么烂的主意？

"妈妈也没办法，我最不想看到自己女儿每天到深夜了还在写作业，我会心疼的。"

"好啦，我会按时写作业的。"小红迅速地做出了取舍。

妈妈似乎对女儿很是了解，她在小红房间的门上挂了一张围巾的画，小红一要跑出房间看电视，就会先看到画里的围巾，然后悻悻地继续坐下写作业，时间一长，小红渐渐就忘了电视剧的事情，专心写作业了。

小红因为看电视耽误写作业，这样的事情其实在孩子中很常见，一般情况下妈妈们都会用强制性的手段让孩子写作业，结果弄得孩子很不愉快。但是小红的妈妈却用一条围巾，就轻易地解决了这个问题，所以妈妈们不妨向小红的妈妈学习一下，用奖励转移孩子的注意力。

当然奖励不是随便给孩子些东西就可以了，不同的孩子不仅奖励的东西不同，奖励的方式也要因人而异，而且奖励的时间也是很有讲究的。下面是给妈妈们的一些建议，希望能有一些帮助。

首先，妈妈可以对孩子的自律进行口头奖励。妈妈在孩子心中有着极高的地位，妈妈的鼓励对孩子来说不仅是关心，更代表着妈妈对孩子成绩的认可，有时妈妈简单的一句鼓励的话，却很可能带给孩子莫大的动力。所以，妈妈们不要吝啬你的肯定与赞美，在孩子表现良好的时候说一句："宝贝，你现在可是咱家起得最早的，比妈妈都准时呢！"相信孩子以后会有更出色的表现。

其次，妈妈们偶尔还要给孩子一些物质奖励。物质奖励最好是孩子喜欢的，或者渴望已久的，这样效果会更好。而相对的，妈妈就可以给孩子制定一个更高的要求让孩子去完成，最好能做到奖励和要求成正比，不要一件小事就要奖励孩子一张出国旅游的机票，也不要很难做到的事情只奖

妈妈改变1%，孩子改变100%

励孩子一个冰激凌。

　　冯小顺是个武侠小说迷，对他来说每天可以不吃饭，但是不能不看小说，同学们笑称武侠小说就是小顺的"精神食粮"。

　　小顺的妈妈开始的时候并不反对他看小说，不管怎么说这也算是孩子的一个兴趣吧。但是慢慢地妈妈就不这么想了，因为在一次家长会上班主任告诉妈妈，小顺经常在上课的时候看小说，他的成绩已经处在下游了，妈妈这才意识到自己疏忽了。

　　正巧小顺想学轮滑，想让妈妈给他买双轮滑鞋，妈妈觉得这是个谈条件的好机会，于是就说："只要你答应妈妈上课认真听讲，并把每天看小说的时间缩短，用来补上以前的功课，妈妈就答应给你买一双特酷轮滑鞋。"

　　其实小顺也不想课上的时间看小说，只是感觉每次看到精彩的时候就上课了，心里放不下小说情节的后续发展，一时管不住自己就又接着看，而一看一节课就过去了。小顺也知道妈妈是为了他好，立刻就答应了。

　　为了能管住自己，早日得到轮滑鞋，小顺还请同桌监督，上课的时候把小说交给同桌保管。功夫不负有心人，小顺现在已经做到无论小说情节有多吸引人，只要上课就能立刻放下小说，专心听课了。

　　小顺的妈妈以轮滑鞋作为奖励，让小顺能理智地对待小说，这是很成功的例子，当孩子像小顺一样，对某样东西过分沉迷时，妈妈们就可以用这种方法在孩子心中种下让他们自我克制的种子，经过长时间的积累，这颗无形的种子就会发芽长大，孩子的自律能力也会慢慢地随之提高。

　　最后，妈妈们要适度奖励孩子的自律。适当的奖励会对孩子起到激励的作用，但是如果妈妈们无节制地奖励，就会对孩子起到相反的作用，有时候孩子甚至拿自己该有的自律行为跟妈妈讲条件，获取自己想要的东西。因此，妈妈们最好做一个奖励计划，让孩子正确地认识奖励，更积极地提高自己的自律能力。

第三章 妈妈多点责任心，孩子的自律性会更强

第四章
改变方式，好妈妈教会孩子不再讨厌反省

　　生活中，很多妈妈看到自己的孩子经常犯同样的错误，心里着急却不知道该怎么办，因为很多孩子听不进妈妈苦口婆心的劝诫。本章将会给妈妈们介绍有关孩子反省的问题，让孩子犯错后能及时改正，在以后的生活中能轻易地避开相同的错误，在成长的过程中少走弯路。

做聪明的妈妈，让故事教会孩子每日自省

《论语·学而》中有这样一句话："吾日三省吾身——为人谋不忠乎？与朋友交而不信乎？传不习乎？"意思是要多次自觉地反省自己。一代圣贤之士曾子就是这样每天反省自己的。妈妈们若想让自己的孩子长大后成为一个举止得当有修养的人，就要从小教孩子学会反省自己。

孩子年龄小，一些习惯惰性尚未养成，在这个时候教孩子自省还是比较容易的。如果孩子有自省的习惯，就比较容易自己发现自己的错误，然后试着改正，这比大人指出来让孩子改正效果要好很多。会自省的孩子，妈妈教育起来比较容易，也很少会和妈妈顶嘴，更不会动不动就和妈妈"冷战"；而且会自省的孩子一般独立性较强，比较能理解妈妈的苦心。所以教会孩子自省可以说是妈妈们教育孩子时不能缺少的一个环节。

刘小印上三年级了，今天语文课上老师给他们解释练习短文中的一个词语：三省吾身，老师不仅给他们解释了其中的意思，还讲了这个词语的来源。听完老师的讲解之后，同学们对曾子很是佩服，但是小印觉得曾子的老师孔子更厉害，因为是他把曾子教得这么好的，在激烈的讨论中，小印下课了。

回家后，妈妈看到宝贝儿子回来，很是高兴："小印，回来了，今天老师有没有讲什么有意思的故事啊？"

"妈妈，你说孔子厉害，还是曾子厉害？"小印对今天的"曾子事件"还是"难以忘怀"。

"为什么这么问呢,小印?"小印的问题让妈妈有点反应不过来。于是小印就把语文课上的事情向妈妈说了一遍,并希望得到妈妈的支持。

"小印,你想成为和孔子或者曾子一样厉害的人吗?"妈妈不答反问。

"当然想了,但是……"小印有点不自信。

"不用担心,你只要和曾子一样,每天想想自己有哪些失误,妈妈相信凭小印这么聪明的孩子,也会成为一个大伟人的!"妈妈鼓励道。

"那我就试试?"成为伟大的人的梦想让小印动心了。不久之后,妈妈就发现不用她说,小印睡觉之前都会自觉洗脚,以前留给她洗的袜子,小印也很主动地洗干净晾好。

小印的妈妈有一个好头脑,因为让她决定孔子与曾子孰高孰低,未免有些强人所难,所以她选择用转移话题的办法,把小印的注意力引到让他自己完善自己的话题上,用曾子给孩子做榜样,让孩子在学习伟人故事的同时,也学会伟人的做事方法,一举两得。

孩子在学故事的时候,往往喜欢把故事中的正面人物当作自己模仿的偶像,即使那只是一个虚构的童话故事,仍不减孩子对其的迷恋,妈妈们可以抓住这个机会,一方面通过故事扩展孩子的视野,另一方面利用故事里的人物特征教会孩子如何反省。

首先,妈妈们可以"改"故事教孩子反省。几乎每个妈妈在孩子小时候都会给孩子买很多故事书,如果妈妈们只是把这些故事当成晚上哄孩子睡觉的工具,那可就是浪费资源了。妈妈们不妨在给孩子讲故事的时候,把一些为人处事的道理稍稍渗透其中,让孩子慢慢地领悟其中的道理,这样日积月累,孩子就会随之慢慢提高。

白雪公主的故事已经是一个有点老得要掉牙的故事了，但是孙晓慧的妈妈却能"温故知新"。在给晓慧讲故事的时候，妈妈不仅改变了其中的情节，还加入了一些"作料"。

"小矮人因为热情友善，收留了白雪公主，上帝很欣赏他们，就把他们变成了英俊的青年。"妈妈把"篡改"之后的情节讲给晓慧听。

"那我要是也和他们一样热情友善，我会不会和白雪公主一样漂亮？"晓慧真的很希望自己能变漂亮点。

"当然了，热情善良的女孩是最有魅力的。"妈妈给了晓慧一个"我保证"的笑容。"可是你知道怎样才能做一个热情善良的女孩吗？"妈妈问道。

晓慧茫然地摇了摇头。"那妈妈来告诉你好不好？"妈妈循循善诱，"成为热情善良的女孩很简单，你可以在做完作业之后，想想自己这一天有什么事情做得好，有什么事情做得不太好。是不是有人需要帮助，你看到了，却没去帮助人家。"

"今天我帮隔壁张奶奶拎菜呢！"晓慧立刻回想到自己的"业绩"。

"就是这样，每天检讨一下自己，不对的就改正，晓慧就会人见人爱了。"

晓慧的妈妈只是把故事稍作改变，就教会了晓慧一个大道理，可见妈妈的小变化会给孩子带来大改变。晓慧妈妈改故事可以作为妈妈们的一个参考，毕竟孩子们都喜欢与众不同的故事，而他们也会更加崇拜给他们讲"另类"故事的妈妈。

其次，妈妈们还可以通过动画片的情节教孩子每日三省。孩子们小时候几乎每天都会看动画片，妈妈们若是把动画片从娱乐功能不着边际地转换为教育功能，在教育孩子的事业中那可就是大功一件啊。

妈妈改变1%，孩子改变100%

　　近两年，《喜羊羊与灰太狼》占据了很多电视频道，同样也掳获了很多小朋友的"芳心"，张小兵就是其中一个。

　　今天小兵又很守时地守在电视机前，现在演的是懒羊羊因抄作业被村长发现了，小兵不禁嘲笑懒羊羊抄作业的时候把别人的名字也抄上了。这时妈妈在一旁见了，幽默地说："也许，他是用另一种方法宣布他不会做那些作业的。"

　　"他如果上课不睡觉，认真听讲的话就不用抄作业了。"

　　"看来我们家小兵是不会跟懒羊羊一样抄作业的，上次开家长会，老师还特别表扬你听课认真呢！"妈妈由衷地赞美。

　　"其实，老师讲的有时候我也不是很懂，但是老师教我们睡觉前把每天学的在脑子里过一遍，不会的课下去问他。"

　　"其实，你睡觉前还可以想想除了学习之外的事情，比如跟同学间的相处，好的继续发扬，不好的慢慢改正，相信过不了多久，我们家小兵就和喜羊羊一样是全校的明星了。"妈妈一脸陶醉状。

　　"妈……"小兵对妈妈的表情感到无语，但是妈妈的建议好像很不错的样子，小兵开始决定从今天开始他的"绅士计划"。

　　小兵的妈妈用了很巧妙的方法，把动画片引到了学习，又从学习引到了与同学间的相处，但处处不离每日自省，无论是老师教的方法，还是她自己提的建议，而且以欣赏的语气，让小兵很容易就接受了妈妈的建议。

　　最后，妈妈们可以从现实生活中的故事教育孩子自省。有的时候现实的例子因为摆在眼前，可能对教育孩子来说更有说服力，尤其是年纪稍大的孩子，已经有了自己想法，妈妈的话不一定听得进去，用真实的故事可能会有较好的效果。比如不要乱穿马路、闯红灯，妈妈说了孩子不听，在见到真实的事情的时候，孩子自然就会知晓事情的严重性了。

聪明的妈妈，让孩子做反省的行动派

很多妈妈都会遇到这样的情况：孩子犯错，妈妈提出批评时，他们也能接受，但是过后不久同样的错误又发生了。这时，妈妈们不禁会疑惑，看孩子当初认错的态度也很诚恳，不像敷衍的样子，为什么孩子意识到错了，还会犯同样的错误呢？

这是因为孩子只是在心里知道自己错了，却忘了把改正错误这句话落实到行动中；还有的孩子因为某些生活惰性，虽然知道错了，却已经习惯以前的做法，不愿做出改正，反正也不是什么大事，于是决定"一错到底"。无论孩子出于哪种原因不愿用行动改正错误，妈妈们都应重视起来，想办法帮助孩子从口头认错转变为行动改错。

周小明上四年级了，成绩一直很好，他的成绩一直是妈妈的骄傲。但是小明有一个很不好的习惯，那就是喜欢乱放东西，不论是生活物品还是学习用具，用完了就随手一放，下次用的时候，就找不到了。

在家里，穿脏的袜子随手就扔在地板上，而穿脏的衣服也是随便放，有时候早晨上学换新衣服，直到穿到身上才发现那是件已经穿脏还没洗的。妈妈说过他很多次，小明也知道自己这个习惯不好，但是让他规规矩矩地放东西，小明觉得太难了。反正有妈妈帮他收拾，他也乐得清闲。

但是，妈妈觉得这样下去对小明并不好，她决定这次一定要让小明改正这个不好的生活习惯！这次妈妈并没有像往常一样，周末的时

妈妈改变1%，孩子改变100%

候帮小明整理房间，小明以为妈妈可能一时没空，就自己草草地收拾了一下，不然的话，他就找不到睡觉的地方了。

但是直到周三，眼看还有两天，就要过去一星期了，妈妈还是没动静。妈妈不会忘了吧，小明决定今天提醒妈妈一下，妈妈听后说她会找时间给他收拾的。但是周末又到了，妈妈还是没动静，小明实在受不了每天找不到干净袜子的日子，小明开始向妈妈发飙。但是妈妈却说："你凭什么说我说话不算话，你说过要改掉乱放东西的毛病，不是也没改？现在我决定帮你改掉，所以以后我不会再帮你收拾房间了，你自己处理吧。"

妈妈一句话让小明顿时哑口无言，妈妈说得没错，他是说过要改的，但是这也太突然了吧！房间乱得小明都不知道先收拾哪里，但是没办法，总得把睡觉的地方收拾出来啊。一个墙角，又一个墙角，就这样小明花了一天的时间终于把房间收拾得有点"人样"了。

有了第一次，后面就容易多了，小明在妈妈的"强迫"下，乱放东西这个坏毛病慢慢地改正了。

其实很多孩子在自我反省之后，没有行动的很大一部分原因就是父母一再妥协，就像小明的妈妈以前那样，明知小明乱放东西，却并没有让小明试着改变，学着整理房间，而是一如既往地替孩子打点，这样就等于消灭了让孩子把反省落实到行动的机会。

因此，妈妈们应对以前的教育方式稍作改变，用一种简单有效的方法让孩子意识到反省是远远不够的，反省之后的行动才是最重要的，这样的话，孩子行动的时候就会比较主动。相对的，妈妈就会省去很多不必要的麻烦。以下几个建议可以作为妈妈们的参考。

首先，妈妈们可以和孩子一起行动。在要求孩子反省后要有行动的同时，妈妈们也要注意自己的言行是否一致，孩子指出妈妈错误的时候，作为家长，妈妈既然答应了要改，就要说到做到。可以和孩子相互监督，共同进步，这样孩子行动起来会更加积极。

陈小宇是个典型的游戏迷，只要没有作业，小宇一般都会在电脑前玩着各种新型游戏，他玩游戏就像女生追求时尚一样，永不落后。前一阵子玩的是《仙剑》、《天龙八部》，最近又在玩《英雄联盟》，对于新出的《女神联盟》，小宇虽然是个男生，却也摩拳擦掌，跃跃欲试。

玩游戏占据了小宇过多的精力，所以小宇的成绩相对就要差一些。小宇并不是个不知轻重的孩子，知道自己在游戏中投入的时间太多了，也曾下决心要转移"重心"，但是一见到游戏又管不住自己，把学习放在一边了。孩子沉迷游戏，妈妈怎么能不担心，不说学习，小宇整天在家玩游戏，在班上连个交好的朋友都没有，妈妈看在眼里急在心里。

"小宇，妈妈最近在减肥，你就监督妈妈一下，让妈妈多吃正餐，少吃甜点好不好？"妈妈边敷面膜，边和小宇商量。

"好啊。"小宇在游戏中"忙里偷闲"地回了一句。

"小宇，如果我没猜错的话，你的作业应该只写了一半。"妈妈又照着镜子"漫不经心"地说。

"哎呀！我一玩游戏就给忘了！"小宇很痛恨自己对游戏欲罢不能。

"小宇，你说这样好不好，你监督我减肥，我监督你学习，咱们互相监督。"

"好，从明天起，我一定要好好学习！"小宇又一次下决心改正。

就这样母子二人每天相互提醒、相互督促。开始几天小宇很努力地让自己多想学习，少想游戏，但是过了几天就又感到手痒难耐，刚想偷偷玩一会儿，妈妈不知何时已经立在眼前……过了最难熬的一个月，小宇想游戏的次数渐渐变少了，成绩也有了显著的提高，还交了几个好朋友。

小宇戒掉游戏瘾，其实并不是一件容易的事，但是妈妈最后却帮小宇成功地摆脱了游戏的束缚，原因就是，这种相互监督的方式，把孩子放到了一个和妈妈相等的位置，让孩子感觉不到被管束的感觉，因而更容易接受妈妈的意见。

其次，妈妈们可以用某些人物形象教孩子做个行动派。每个孩子都有一个自己心中的偶像，不论是电视剧中虚构出来的，还是真实存在的。妈妈们可以利用孩子的这种偶像情结，对孩子进行教育，让孩子做个反省行动派。比如有的孩子视李小龙为偶像，妈妈们就可以多找一些有关李小龙这方面的故事：李小龙在对战中意识到咏春拳的不足时，便不断地摸索，发明了寸拳，倘若李小龙只反省不行动，是不会有那么多的辉煌业绩的。

最后，妈妈还可以采用让孩子"内疚"的方法，让孩子对妈妈感到亏欠，感觉对不住妈妈，这样的自责的心理会促使孩子主动用行动表达自己的歉意。比如，孩子在房间又蹦又跳，不小心打碎了妈妈心爱的花瓶，但是妈妈并没有生气，而是宽容地原谅了孩子，这时孩子心里就会有过意不去的感觉，以后玩的时候，不用妈妈说，自己就会小心了。

教孩子先想后做，妈妈其实很好当

现在很多妈妈都在感叹，原本以为工作就够累了，没想到教育孩子有时候比工作还要费心。有的孩子一旦有了做某事的兴趣，就要马上行动，直到意想之外的事情发生了，才后悔当初做事太冲动。但是对孩子来说，意外发生后就过去了，却不知道妈妈在背后给他收拾烂摊子的时候是什么样的心情。生气，那是很可能的，但是相信很多妈妈在生气的时候还有更多的担忧，万一孩子再这么冲动怎么办，如果孩子长大以后还改不了怎么办……

让孩子不冲动似乎是一件每个妈妈梦寐以求的事情，却也是一件求之而不可得的事情，如果孩子已经习惯了怎么想就怎么做，却让他在做事情之前想想事情的后果，那么孩子只会为妈妈不让他做而焦躁，很难按照妈妈预想的那样冷静地思考。

一条小溪沿着山路蜿蜒而下，两旁的石头都被这条每日奔腾不息的溪流冲刷得光滑无比。一天，在山腰附近的一块光滑、好看的大石头想出去见见世面，他最不想的就是一辈子待在这山沟里，做个"迟暮美人"。于是，他下定决心离开这个已经待了半辈子的山腰，而山下那条鹅卵石铺成的美丽的小路就是他的梦想之地。

因为那条路看起来很坚硬，被人们走了数百年还是毫发无伤的样子，而且那些鹅卵石的点缀，让这条小路不仅很"中用"，而且十分耐看，很有诗意。大石头常常听到人们夸赞那条小路，"这条小路可真好啊"。要是有一天我也能得到这样的赞美，那我就死而无憾了，大石头心里这样想着。

一想到自己将来能"扬名立万"，大石头心中就澎湃不已。有了梦想就要立刻行动，于是这块大石头很努力地往山下滚动，终于不到半天的时间就到达了他向往的地方。但是在这条交通要道上，每天都有很多行人和各种车辆在他的身上毫不留情地踩过、碾过。更让他难以忍受的是，很多牛马的粪便会时不时地落在他的身上，他可是块爱干净的石头，以前每天都会洗澡，怎么能忍受整天待在这种脏兮兮的环境里？

几个月的时间，原本光滑、美丽的石头早就狼狈不堪了，以前英俊潇洒的影子只能出现在梦里了。可是更悲哀的还在后面，因为他的个头太大了，横在路中间，人们嫌他碍事，就让几个壮年人合伙把他扔到垃圾堆里了。

这块石头后悔不已，当初下山的时候怎么就没想到会有这样的结果呢？现在他每天都会带着悔恨的心情，望着已经离开的山腰。

虽然这只是一个童话故事，但却深刻地揭示了做事不考虑后果的严重性，孩子现在虽然年纪不大，但是并不代表孩子不会做出后果严重的事情。相信没有一个妈妈愿意看着自己的孩子走弯路、做错事，给青春带来无法弥补的悔恨。所以，妈妈们在教育孩子的时候，千万不要忘了这重要的一点。

教育孩子是要讲究方法的，妈妈们不要只是单调地给孩子强调三思而后行的重要性，那样很可能引起孩子的反感。妈妈们这时应该稍作改变，给孩子一种别具一格的教育方式，既能让孩子喜欢、接受，还能起到比较好的效果。

首先，妈妈们可以给孩子立规矩。年龄较小的孩子比较贪玩，他还不知道要去思考事情的后果，一旦玩起来，就顾不上其他的事情了。而孩子年纪较小，容易受到妈妈的影响，这样的话，妈妈就可以跟孩子"约法三章"，给孩子规定玩的范围，超出了就会受到相应的惩罚，通过这种方式给孩子传递一种"玩要适度"的思想。久而久之，孩子就会慢慢地养成习惯，妈妈就会省心多了。

其次，妈妈可以试试让孩子"撞南墙"。有的孩子比较任性，对于一般的教育方法作用不大，那妈妈们就可以考虑一下让孩子"撞南墙"了，等到孩子尝到了做事不过脑子的苦果，就会意识到自己错误了。

冯小梅是家里的宝贝，她的要求家里人都会尽量满足，谁让他们就这一个女儿，不疼她疼谁？

小梅最大的爱好就是吃零食，尤其是甜食。而希望孩子营养均衡的妈妈经常会做些小梅喜欢的菜，希望女儿每顿饭都能吃好吃饱，吃得开心。

不仅如此，妈妈还经常做些小甜点给女儿当零食，由于贪吃，小梅从小牙就不好，妈妈提醒了好多次，担心她会吃坏牙齿，但是小梅就是不听，坚持要吃甜食。

妈妈实在是心疼女儿，就没在这一方面太约束过她，直到有一天，小梅捂着嘴"呜呜"地从外面跑回家，妈妈才意识到问题大了。

"乖宝贝，怎么了？"妈妈一开始还以为小梅受伤了。

"牙，牙疼。"小梅疼得直掉眼泪。

第二天，妈妈就带着小梅去了医院，一检查，说是蛀牙了，而且情况还比较严重。

看着疼得受不了的女儿，妈妈叹了口气，问她："现在知道妈妈以前说的是正确的吧？"

"嗯，妈妈，牙好疼。"

"那等治好了牙，以后不准吃那么多甜食了，否则牙齿还会疼的，难道你想以后天天往医院跑，甚至是牙齿掉光光吗？"

"不，不想，我以后一定听妈妈的话，少吃甜食。"小梅才意识到自己该听妈妈的意见的，捂着嘴说道。

小梅"不撞南墙不回头"，妈妈用这种自尝苦果的方式，让小梅意识到自己的任性，认识到做事之前考虑后果的重要性，这种不同于平常劝说的教育方式反而起到了更好的作用。妈妈们可以在孩子碰壁后因势利导，让孩子意识到错误的原因，孩子通过小事碰壁，再遇到大事就会先考虑前因后果，做出更好的选择。

最后，妈妈可以教孩子学会理性思考。对于稍大一些的孩子，妈妈可以运用一些逻辑推理的方式来教育孩子，在他做一件事情之前，妈妈可以问问孩子他要做的事情是不是符合道德规范，自己是不是能承担相应的后果。用提问的方式培养孩子做事之前的思维方式，对于懂事的孩子，妈妈有时候说一遍，孩子就会记住了。

好妈妈让孩子学会总结经验

高珊珊今年读初一了。她在小学期间，成绩一直很稳定，不好不坏，总是在中上游徘徊。妈妈也早习惯了女儿的这种状态，认为她如果到高考的时候也能保持中上水平的话，那也很不错了。她不愿给女儿太大的压力，非要让孩子考个第一回来，不然的话就怎样怎样，在她看来，女儿每天健康开心那就是全家的幸福。

可是上了初中，高珊珊发现原本一个年级只有不到二百人的小学到了初中竟然有了将近一千人。在这么多同学中保持中上游的水准可不太容易了。刚开始的时候，高珊珊还是像以前一样听讲、写作业、玩耍，可是第一次模拟考试之后，她的妈妈就被老师请到学校，接受了"教育"。因为高珊珊的成绩每次都很不理想，几乎在班上倒数，拖一个班的后腿。

这下，妈妈可着急死了，成绩不好没关系，也不能这么差啊！妈妈从老师口中得知，高珊珊成绩不好是因为她从来不会从失败中吸取教训。老师还打开高珊珊的作业本让高妈妈看，妈妈这才知道自家姑娘都入学快两个月了，正负数的混合运算还没有掌握呢。凡是涉及这方面的题，她都没有做对过，即使老师在课堂上讲解过了，女儿也没有理解，下一次碰上，照错不误。

为了让女儿的成绩有所改善，妈妈决定亲自给孩子当家教，在教高珊珊的过程中，妈妈总是很注意教高珊珊不断总结以前做过的题，还嘱咐她要经常复习。有了妈妈的指导，高珊珊这才发现，自己的很多错误都是一个类型的，要是早点发现，自己的成绩就不会这么差了。

在妈妈的指导下，高珊珊的成绩有了很大的提高，不仅如此，珊珊现在对总结生活都有一套呢！

高珊珊的情况，在孩子中是比较普遍的。很多孩子做错了题，却不知道错在哪里，在下次做类似的题时，还会出错。不仅是在学习中，生活中妈妈们也经常遇到孩子犯类似的错误，出现一犯再犯的情况。孩子的这种"顽固性"的错误往往让老师和妈妈十分头疼：那么容易的问题怎么就能屡屡做错呢？我们也知道这是孩子不善于归纳总结的缘故，但是纠正起来往往效果不明显。

原因在哪里呢？其实就在于孩子"不知道为什么总结"、"不知道怎么总结"，也就是说孩子归纳总结的逻辑性思维习惯没有养成，所以纠正错误习惯经常事倍而功半。那么，如何才能让孩子养成初步的逻辑思维能力，从而使自己善于总结呢？专家建议，妈妈可以从以下几个方面入手，尝试改变孩子"屡错不改"的习惯。

首先，妈妈可以教给孩子归纳总结的方法。

妈妈可以告诉孩子"要自己寻找做事的'技巧'、'秘诀'，有了它们你就不再有难题了"，先引起孩子的兴趣，然后指点孩子，寻找做过的事情都有什么共同特点，然后告诉他们做事的流程其实也是一样的，只要做事情之前多动动脑筋，就不会出现相同的错误了。此外妈妈还应经常鼓励孩子举一反三、触类旁通。当孩子尝试到成功的喜悦之后，学习的主动性就会大大增强。

其次，妈妈可以教孩子准备纠错本。用纠错本把以前的错误记下来，

妈妈改变1%，孩子改变100%

没事的时候翻一翻，孩子就会渐渐地把以前的事情和现在的联系起来，逐渐建立自己的思维网，一旦遇到和以前类似的事情，孩子就会条件反射地在大脑中搜索，在处理新事情的时候就能很容易地避免以前的错误。

彭晓如在月考的时候因为应用题失了不少分，让这个好强的小姑娘很不甘心。她主动找到妈妈，要求妈妈为她补习应用题，她要在下个月的月考中把"场子找回来"。

妈妈帮助彭晓如一起分析了她最近做过的数学试卷，认为女儿在审题方面存在误区才导致失分的。比如说题目是：某班女生有30人，男生比女生少30%，全班一共有多少人？这道题目很简单，彭晓如的解答更简单，她只用了一步，求出了男生的人数，就以为自己已经完成这道题了，却忘了要求是解答出全班有多少人。

妈妈给女儿出了很多类似的试题让她做，彭晓如终于改变了自己简单的思维方式，不再失分在这一类的题目上。妈妈按照这个方法，把女儿的错题都总结到一起，让她重新做，并指点她在遇到这些题目的时候应该从哪里下手。

第二个月的月考成绩公布之后，彭晓如的成绩果然提高了很多。

故事中，彭晓如的妈妈的方法就值得借鉴，但是最好是在孩子有了一定的归纳总结的经验后进行，这样才能更好地对失误之处进行弥补。本节开篇故事中高珊珊的妈妈就可以先对孩子进行简单的思维方法的指点，然后专门为高珊珊准备一个"纠错本"，让她把每天每个科目的错题都工工整整地抄下来，自己总结错误的原因和解决方法，妈妈做最后的把关指点即可。每隔一段时间，妈妈再从纠错本上选几道题让女儿做一做。这样反复训练，相信高珊珊能从自己的错误中吸取教训，成绩会有更明显的进步。

最后，妈妈要对孩子有耐心。在孩子"屡错不改"时，妈妈的态度也很重要，不能苛责也不能因心情急躁而讽刺、嘲笑孩子。要知道，孩子正是通过"错误——纠正——提高"这种螺旋形上升的方式成长的，从另一个角度来说，没有不犯错的孩子，犯了错他们才会成长。因此，妈妈应耐心教会孩子思维方法，鼓励孩子通过总结发现以前的错误习惯并改正，慢慢提高孩子总结并改正错误的能力。

做耐心的妈妈，给孩子一点时间去反思

我国自古以来就有自我反思的古训，妈妈在教育孩子的时候，也要时常反思自己，认识自我、完善自我、不断进步。在妈妈反省的同时，还应把这项"技能"教给孩子，让孩子学会反思。让孩子反思也是有方法的，一定要给孩子一些时间，让他学会思考。如果孩子写作业时，妈妈就在旁边盯着看，孩子稍微出错，妈妈马上就去纠正，这样的行为不但不能让孩子学会反思，还会让孩子讨厌妈妈的教育，不愿意承认自己有错，自己主动反思那就更别提了。

放学了，荣荣拿着月考成绩单忐忑地走在回家的路上。因为成绩下滑了，荣荣也很郁闷，还一直担心会被妈妈责骂。

"妈妈，考试成绩出来了，这是我的成绩单。"荣荣小心翼翼地递上成绩单。

妈妈接过去看了一眼就皱起了眉头，荣荣见状很紧张，心想一场狂风暴雨就要来了，果然妈妈发飙了："怎么搞的，成绩下滑了！你有没有好好复习啊！就你这样忽上忽下的成绩，怎么考上大学啊！"

荣荣知道自己成绩不好,也不敢接话,心里也纳闷:自己的成绩怎么就下滑了呢?可是这念头就在自己心里一闪而过,就被妈妈责骂的声音给挤走了,心里剩下的只有恐惧。

"这个暑假旅游的计划取消了,哪里也别想去了啊!在家给我好好补补课。"妈妈接着说。

"啊,为什么啊?你明明答应我的啊?"荣荣不解地问。

"你考成这样,还想出去玩,考得好才有资格提条件,知道吗?"妈妈说。

"你讨厌,说话不算话!"荣荣生气地走掉了。成绩的事情完全抛到九霄云外去了,现在心里只有对妈妈的埋怨了。

荣荣考试成绩下滑了,他自己心里肯定很难过,也想找出自己的不足,可是妈妈的责骂却让恐惧和埋怨挤满了他的心头,使得他再也无心悔过和反思了。可以说,正是妈妈不正当的教育方式,不断地把荣荣反思的心理摧毁了。

所以,妈妈应给孩子一点思考的时间,给孩子一点学习的主动权,这是妈妈最应该做的事情。妈妈要知道,会反思自己错误的孩子,可以学会总结自己的经验教训,从而扬长避短,促进自己不断进步;而缺乏反思的孩子,只会不断地重复同样的错误,更谈不上发展自己了。因此要给孩子反思的时间对孩子来说很重要,这样才能让孩子随时反思自己,提高他们的自省的能力。

任何能力的提高都是需要时间的,自我反思也不例外,好孩子需要时间慢慢来培养。如果孩子具有成熟的反省能力,在他取得成功时,就能够变得更自信;在遇到困难和挫折时,反省又能够鼓励孩子及时调整情绪,查漏补缺,从错误和失败中吸取经验教训。通过自我反思,孩子才能更全面地正确认识自己的优缺点,当孩子犯错误后,其实他们内心也是充满了不安和惶恐,也会有自我反思的意识,但是有的妈妈却不了解这一点,一看到孩子犯错，就开始训斥孩子，不给他们反思的机会和时间。

如果妈妈在此时能够给孩子留出一些反思的时间，并且适时地给予孩子诚恳的提醒、有效的点拨，那么孩子是能够认识到自己的错误，并积极改正的。当妈妈给了孩子反思的机会和时间后，孩子还会因此而更加尊重和喜欢自己的妈妈，也有利于融洽的亲子关系培养。

在学习和生活中，当孩子做错事时，一味地说教和斥责，这种教育效果不但不明显，还可能引起孩子的反感，让孩子被动地不愿意改正自己的错误。所以，在孩子犯错的时候，妈妈应采用心平气和的态度跟孩子谈话，引导孩子进行自我反思，让他们认识到自己的过失。孩子做错事情时，有些妈妈就会问孩子："你知道自己哪里做错了吗？"这其实就是在促使孩子学会自我反思。这些发问可以让孩子去思考和了解自己的错误，并学会反思，认识到自身的不足。在学习上，妈妈也要多一点耐心，多让孩子自己想想，多问孩子几个为什么，多给几句鼓励的话，调整孩子犯错后沉闷的心情。

妈妈们要注意反思不仅体现在思想上，更表现在行动中。所以，妈妈们也应该注意引导孩子养成自己承担后果的习惯，不要在孩子犯错后主动替孩子承担责任，这样并不利于孩子改正错误，反而使孩子觉得做错了也没关系，越来越没有责任心，以致重蹈覆辙，以后还会继续犯类似的错误。妈妈应该让孩子在主动承担后果、积极改正错误的行动中一点一点进步。

一天欣欣的妈妈正在厨房忙着，忽然有个电话要妈妈出去一趟，于是妈妈就嘱咐欣欣说："妈妈有急事，需要出去一下，锅里正炖着鸡汤呢，你看着点火啊！"

"嗯，我知道啦。"欣欣轻松地应声道，接着投入到精彩的电视节目中去了。

不知不觉，半个小时过去，欣欣才猛然想起鸡汤的事情，连忙飞奔进厨房，看着溢出来的鸡汤，欣欣一拍自己的脑门，大叫道："这下完了，鸡汤浪费了，还得挨骂呀！"

妈妈回来后，欣欣主动跟妈妈承认了错误，妈妈看着厨房的狼藉，虽然心疼，但没有发火，因为生气也于事无补，而且她明白欣欣已经知道错了，于是就说："欣欣，鸡汤为什么会溢出来呀？"

"妈，对不起，是我不小心，只顾看电视，忘记看着锅了。"欣欣回答："但是，您放心，下次不会了，我会记住这次教训的。"

"嗯，那这次的错误怎么弥补呢？"妈妈问。

"那今天晚上碗就留给我洗吧！"欣欣说。

妈妈开心地笑了。

欣欣的妈妈是比较明智的，她懂得如何引导孩子思考，并且给孩子反思的机会。孩子犯了错误，妈妈要让孩子自己反思自己的错误，从而再尝试改正错误，这样才会起到真正的教育作用。孩子犯错误并不可怕，关键的是要懂得反思，妈妈应在孩子犯错误的时候，多留给孩子一些反思的时间，让孩子从每天的反思中逐渐成长起来。

第五章
妈妈多些乐观，孩子更加阳光快乐

很多时候，妈妈总是觉得自己的孩子不如其他孩子那样阳光乐观，对人生的态度也容易消极。其实，这和妈妈的性格有很大的关系。如果妈妈平时多笑一些，幽默一点，那么孩子也会在妈妈的影响下，变得积极向上、乐观自信。

妈妈相伴，孩子更乐观

在日常生活中，妈妈不应只强调孩子要用乐观的心态来面对生活，妈妈自己也要以积极的心态来对待生活，这样才会给孩子一个好的榜样，让孩子在乐观中健康成长。因为，从心理学角度来讲，乐观的情绪能够调动大脑的神经活力，使体内的各个器官协调一致，发挥出整个机体最大的潜能，这不仅可以提高学习效率，还有助于孩子成长中的身体健康。孩子正处在身心发育的黄金时期，对于他们来讲学会乐观的生活、保持乐观的心态就显得尤为重要。尽管妈妈们常常把乐观、快乐挂在嘴边来教育孩子，可是由于孩子还小，他们还是很容易因为一点困难就痛苦低落，产生悲观的情绪。这时候，如果妈妈表现得乐观一点，多一些笑容，就会对孩子产生积极的影响，让孩子逐渐乐观起来。

"妈，我不会做作业！"晚饭后，文天翔跑进厨房对正在洗碗的妈妈说。

"是不是上课没好好听讲？连作业都不会做，真不知道你天天在学校都干些什么！"妈妈没好气地说。

"我说的是创新作业！"文天翔不高兴地喊道。

"什么是创新作业？"妈妈意识到自己冤枉了孩子便和气下来。

"老师让设计一个小海报，一定要做得有创意些、精致些。可我不知道怎么做才叫有创意。"文天翔皱着眉头说。

"创意呀！"妈妈想了想说，"我也不知道。要不然，你从网上找找看，看看你觉得哪个比较有创意，就模仿着做一个。"妈妈提议道。

"老师说了不能抄网上的。"文天翔不满地说。

"那你自己想吧！每次一做这种作业你就愁得跟什么似的，怎么一点长进都没有！"

"我不会呀！"

"你为什么不会？为什么同学们会？还是你不用心。"

"我已经很用心了。我就是没天赋。"文天翔说着叹了口气低着头走出了妈妈的房间。

生活中，一些事情在成人看来根本不算什么，可是对于孩子来讲，那就是天大的事。故事中，孩子不会做创意海报，妈妈认为这没什么大不了，远远不如学习成绩下降值得关心，可孩子却因为屡屡不会做创意海报而发愁苦恼，甚至怀疑自己没有创意天赋而悲观失望。要知道，妈妈的言谈举止对孩子会产生巨大的影响，如果妈妈具有积极的心理倾向，那么孩子也会更加快乐、乐观；而如果妈妈整天愁眉苦脸，或者凡事都往坏处想，那么孩子也很可能变得消沉、抑郁，养成悲观的心理。

妈妈在日常生活中，要时刻注意引导孩子养成乐观、积极的心态。不仅要给孩子营造充满欢乐的家庭气氛，还要教孩子以宽容的心对待每一个人，努力为孩子营造一个和谐快乐的家庭氛围。

刘青扬是一名初三的男生，长相清秀，脾气好，学习成绩又不错，很得老师和同学的喜欢，但有一点，让人很受不了——做事小心翼翼地像个老人！

"对不起，对不起，都是我不好……"打扫卫生的时候，刘青扬不小心踢翻了水桶，显得很不安，连连道歉，有男生在一旁笑道："瞧，又来了，道歉先生！"

而刘青扬只是咬咬嘴唇便忍了下来。

班主任找他谈心，说："懂礼貌是好事，但不用太小心翼翼，你们不是朋友吗？朋友之间说话，不用总是道歉啊。"

刘青扬低了很久的头，才轻轻点了两下，可开口又是一句："对不起。"

班主任不由得叹了口气，问他："你怎么总是先道歉呢？"

刘青扬头低得更低了，犹豫了很久，才很小声地回答道："很多时候妈妈和人生气吵架都是因为我，所以我觉得自己很没用，如果不道歉的话，万一妈妈不要我了，该怎么办？"

原来是这样！班主任这才顿悟：原来是家庭原因导致了他这样的性格。

刘青扬之所以会有这样的性格，是自责心理在作祟。妈妈和别人关系的不融洽，使他内心充满了自责和危机感，为了使自己安心，他渐渐养成了道歉的习惯，不管自己是对是错，先道歉总是没错的。对于孩子来说，能让他们依靠的只有家人，而妈妈和孩子相处的时间最多，也更容易让孩子产生依赖感。所以，妈妈的一言一行，对孩子的成长有着极大的影响力。如果妈妈和他人的关系不和睦，生活态度不乐观，孩子便生活在压抑的环境中，长期处在淡漠的氛围下，很容易产生恐惧感，对生活充满疑惑，对未来开始不安。在这种情况下，孩子很有可能自我贬低，潜意识中认为自己是一个不值得关爱，没有任何存在价值的人，这对孩子的未来，是极其不利的。

不过，妈妈难免有心情不好的时候，这种时刻，妈妈不要把怒气发泄在孩子身上，要尽量保持和谐乐观的心态。

哐啷啷……

力力放学回家，一推开家门，就听到厨房里传来锅碗瓢勺掉在地上的声音，他赶紧冲进厨房，看见妈妈在里面发呆，眼睛红红的，他关心地问:"妈,你怎么了?怎么东西全掉地上了?"

"要你管!赶紧回屋写作业去,没看我正烦着呢!"可妈妈却不领情,冷冰冰地把他赶出了厨房,他犹豫了一下,却听妈妈生气地吼他:"连你也不听我的了?你们一大一小,非得气死我才甘心?"

"……"力力这下明白了,原来是爸爸妈妈吵架了,可他们吵架,把气撒他身上做什么,这个家真是越待越烦了。力力边想,边郁闷地回了屋,嘭的一声把门关上,隐约听到妈妈又在外面嚷着什么。

很多时候,父母吵架都习惯把怨气发泄在孩子身上,就像故事中的妈妈可能正在气头上,见孩子回家烦她,很自然地就把气发出去了。殊不知,一时的口快,却在孩子的心中烙下了难以磨灭的伤痕。所以说,不管妈妈如何不开心,在孩子面前,应尽量克制自己的怒火,尽量保持乐观向上的人生态度,让孩子也能以乐观向上地面对人生。

找到孩子的闪光点,体会成功的快乐

虽然每位妈妈都很爱自己的孩子,但并不是每位妈妈都懂得欣赏自己的孩子。有的妈妈经常抱怨,"我的孩子又笨又懒"、"我的孩子简直一无是处"等。其实,所有的孩子都有自己的闪光点,只是妈妈没有发现罢了。例如,有的孩子表面看起来调皮捣蛋,但实际上做事却很细心;有的孩子成绩不好,但在艺术方面却很有天赋等。

在日常生活中,妈妈应学会寻找孩子的闪光点,并让之放大,这样就能够有效地帮助孩子提升自我、成就自我。其实,当妈妈发现孩子的闪光点时，自己很开心，在帮助孩子进步的过程中，孩子也会很高兴，这样一来，也能够拉近亲子关系。因此，妈妈要努力发现孩子的闪光点，而不是处处刁难孩子。

"雪莉，你怎么又把帽子扔在沙发上，我说过多少次了，帽子要挂在衣服架子上，你的耳朵是长来做什么的？"妈妈生气地大声说。

"我不过是忘了而已，您干嘛那么生气啊！"田雪莉也没好气地大声嚷嚷道。

"还学会顶嘴了，真是，越长大越没用了。记性又差，成绩也不好，文艺也不行，你到底能做些什么呀！真是一无是处！"妈妈大声责骂道。

"我怎么一无是处了，就算是傻子还有优点呢，我到底是不是你亲生的？"田雪莉听了很伤心，大声哭了起来。

"怎么搞的，发生什么大事了？"爸爸听到吵闹声，赶紧从房间里走出来，看见母女俩一个面红耳赤，一个正在哭鼻子。

"爸爸，我不过是把帽子放在了沙发上而已，妈妈就骂我！"田雪莉哭着跑到爸爸身边说。

"哦，这样啊，帽子要放在衣服架上，下回记住就是了，别哭了。"爸爸摸摸她的头，安慰道。

"不是的，妈妈说我一无是处，我有那么差劲吗？"田雪莉依然哭得很伤心。

"老婆，这就是你的不对了，我们的女儿很可爱的，你怎么能说她一无是处呢！"爸爸说。

"可爱，她哪里可爱啊，简直是可恶，一点都不听话。"妈妈的火气还是很大。

"看你说的，女儿很勤快，前两天的晚饭还是她做的呢，这么快就忘了？"爸爸提醒妈妈说。

87

妈妈想了想，平时女儿经常做家务，的确挺勤快的，心里也后悔刚才说了那样的话，便咳嗽了一声，说道："好了，该干嘛干嘛去，下次记得把帽子放在衣服架上。"

田雪莉这才擦干了眼泪，回自己的房间去了。

故事中的妈妈没有看到女儿的闪光点，女儿犯了一点小错误，她就觉得女儿一无是处。虽然这种做法很不可取，但生活中这样的妈妈却不在少数。我们都说"孩子是自己的好"，但有的妈妈就是看不到自己的孩子到底好在哪里，经常抱怨孩子这不对、那不好，最后既伤害了孩子的自信和自尊，又破坏了亲子关系。因此，妈妈要注意观察孩子，慢慢发现孩子的闪光点，帮助孩子快乐成长。

想要发现孩子的闪光点，妈妈首先就要有发现的意识，要肯定自己的孩子是有闪光点的，这样才能帮助孩子进步。其次就是要从生活中找出孩子的闪光点，这就需要掌握一定的技巧。

有的孩子很优秀，他的闪光点显而易见，比如口齿伶俐、思维活跃、肢体协调能力强等。对于这样的闪光点，妈妈只需要帮助孩子不断将之放大即可，比如给孩子报一些特长班、帮孩子请专业老师进行培训、鼓励孩子不断提升自我等。

有一位受人尊敬的犹太智者，名叫拉比·苏西亚，他是一位博学多才的学者和老师，在他弥留之际，很多学生聚集在他的床前，苏西亚掉下了眼泪。

他的学生不禁问他："老师，您为什么哭泣？"

苏西亚回答他说："如果上了天堂以后，天使问我：'为什么你不能像摩西一样？'我一定会肯定地回答他说：'因为我本来就不是摩西。'

如果天使再问我：'可是你也没有像艾利西一样的丰功伟绩'，

那我也可以肯定地回答：'因为我来到世上的任务和艾利西不同。'

可是，有一个问题恐怕我会答不出来。我怕他问：'你为什么不能像拉比·苏西亚？'"

拉比·苏西亚去世多年后，一位叫珍妮的美国小姑娘在她的人生中崭露头角。她以十二岁的小小年纪，多次向世界网球冠军赛叩关。她在自己的青少年时期就已经跃升为一级选手，她向许多实力极强的成人明星球员挑战，并获得了胜利。

当有人问她是不是希望当第二个克莉丝·艾芙特时，珍妮回答说："不，我要当第一个珍妮。"这种当仁不让的自信心，和她在球场上的表现是一致的，因为她知道，成功的唯一途径，就是展现自我，而不是模仿别人，成为别人的影子。

无论多么平庸的孩子，他都有自己的闪光点，妈妈要细心观察，帮助他们找出这个闪光点，加以利用，促进孩子成长。其实，想要找出孩子的闪光点，妈妈也可以从孩子的错误中去寻找。比如，孩子的总成绩排名较靠后，但数学成绩很好，那么妈妈可以因此夸奖孩子，并指导孩子继续加强对这门学科的学习，继而慢慢帮助孩子爱上学习，体会到优异成绩带来的快乐和成就感，慢慢帮助孩子提高整体成绩。有的孩子很顽皮，经常搞些小破坏，让妈妈们很头疼，但是，他们的运动细胞较发达，有望成为一个优秀的运动员，妈妈就可以利用这一点，让孩子在体育方面获得成功，获得更大的快乐。这样的例子还有很多，总之，妈妈要注意观察孩子的闪光点，并帮助孩子将其放大，让孩子寻找到真正的快乐之源，获得成功。

妈妈改变1%，孩子改变100%

改变孩子的悲观心理

生活中，当孩子遇到麻烦就往坏处想，而看不到事物美好的一面时，就说明他出现悲观消极的思想了。这是孩子由于年龄、阅历等缘故，对自身的能力认识不足，面对问题时走入思维的误区所致。因此，妈妈在和孩子交流时，应帮助他正确认识自己，了解自己的能力，相信自己，相信生活的美好。

赵凯辉本来是一名性格开朗、爱说爱笑的大男孩。但最近不知道是不是初三学习压力太大，他总流露出一种对生活绝望的神情，见人就说："活着早晚也要死，这么拼命做什么。"

这天，赵凯辉没去上学，而是在家里睡懒觉，妈妈发现后，来到他房间关心地问："儿子，怎么没去上学？生病了吗？"

赵凯辉没回答，不耐烦地翻了个身，躺床上继续养神。

"怎么不理妈妈，真生病了还是装病？"

赵凯辉见躲不过去了，便支着身子坐了起来，懒懒散散地回答说："反正我成绩又不好，再学也比不过年级第一名，还不如在家睡觉，反正人早晚都是死，学不学东西有什么区别。"

"儿子你怎么这么说呢？做人不能太消极啊！"

"没消极，讲事实而已。算了，在家也睡不好，我还是去学校吧。"说完，他气恼地甩了甩头，在妈妈开口之前，从床上跳下来，穿好衣服，拎着书包出了家门。

孩子之所以会悲观，也有可能是因为看多了社会的负面事物，而产生以偏概全的印象，再加上遇到难题时的挫败感，种种问题叠加到一起才产生了悲观感。这时妈妈就要多带孩子出去玩，让他体会自然的美丽，多和孩子讲社会上的感人事迹，让他看到世上的温情，妈妈可以在适当的时候引导孩子认识到：我们的这个世界是有不足的地方，但是这并不能掩盖花儿的美丽、阳光的灿烂。

而且，当孩子在遇到麻烦或挫折时，也会有挫败感，对自己的能力有些质疑，而事实上，真正的原因往往是孩子没有正确发挥自己的能力。这时，就需要妈妈帮助孩子正确认识自己了，如：可以通过一起努力，引导孩子"再坚持一下"、"换种方法试试"等，再加上妈妈告诉孩子自己小时候面对类似难题时的感受和解决之道，就会让孩子逐渐认识到：哇，原来我的本事还是不小的嘛！悲观情绪自然消失得无影无踪了。

而且，妈妈还可以利用一些名人的故事，来改变孩子悲观的心理。

相信很多人都看过《父与子》这本漫画，很多人都被漫画中善良、正直、幽默的父子俩所折服，深深地喜爱上了这对父子。

埃·奥·卜劳恩1903年3月18日出生于德国福格兰特山区的翁特盖滕格林村，曾经在工厂当过钳工，也为很多书籍杂志作过画，还为他的朋友——作家埃里西·卡斯特纳的许多作品画过插图。但他在青年时代，却过得并不如意。

那时，卜劳恩又一次失业了。他满大街地转了一天，依然没有找到工作。情绪极度低落的卜劳恩去酒吧坐了半天，直到将身上最后一点钱换了酒喝下肚后，才拖着疲惫的身躯回到家里。

可是，家里也不是天堂。他的儿子克里斯蒂安的成绩居然比上学期还退步了。他狠狠地瞪了克里斯蒂安一眼，就回到自己的房间呼呼大睡了起来。

当卜劳恩醒来的时候，已是第二天早上。

妈妈改变1％，孩子改变100％

　　他习惯性地拿起笔写日记：5月6日，星期一。真是个倒霉的日子。工作没找到，钱也花光了，更可气的是儿子又考砸了，这样的日子还有什么盼头？

　　写完日记后，卜劳恩走进克里斯蒂安的房间，准备叫儿子起床，却发现他已经上学去了。而儿子的日记本忘锁进抽屉，就摆在书桌上。

　　卜劳恩好奇地拿过来翻看起来，只见上面写着：5月6日，星期一。早上去上学的时候，我帮助一位盲人老奶奶过了马路，心情很好。只是这次考试不太理想，但当我晚上将这个消息告诉爸爸的时候，他却没有责备我，而是深情地盯着我看了一会儿，使我深受鼓舞。我决定努力学习，争取下次考好，不辜负爸爸的期望。

　　我明明恶狠狠地瞪了儿子一眼，怎么就变成深情地盯着他了呢？卜劳恩感到不可思议，接着翻到了前面一页，上面又写道：5月5日，星期天。山姆大叔的小提琴拉得越来越好了，我想，有机会我一定要去请教他，让他教我拉小提琴。

　　卜劳恩又是一惊，赶紧去屋里拿来自己的日记本看，上面的内容却和儿子的截然相反。

　　5月5日，星期天。这个该死的山姆，又在拉他的破小提琴，好不容易有个休息日，又被他吵得不得安生。如果他再这样下去，我非报警没收了他的小提琴不可。

　　拿着两本日记，卜劳恩跌坐在椅子上，半天无语。他不知道自己从什么时候起，竟然变得如此悲观厌世、烦躁不堪，难道自己对生活的承受力还不如一个小孩子吗？

　　那天之后，卜劳恩变得积极开朗起来，他日记里的内容也渐渐变了。

　　5月7日，星期二。今天又找了一天工作，虽然还是没有哪家单位肯聘用我，但我从应聘的过程中学到了不少东西。我想，只要总结经验，明天一定能找到一份满意的工作。

5月8日，星期三。我今天终于应聘成功了，虽然是一份钳工的工作，但我觉得我一定能成为世界上最出色的钳工……

妈妈可以以上面的故事为例，当孩子情绪悲观、低落时，把故事中的身份对调一下，展开一段类似的日记故事，让孩子从中学会乐观生活，远离悲观情绪。而且在平时，妈妈也可以多让孩子体会到成功的喜悦，让孩子获取自信心和乐观向上的心情。

比如，妈妈可以故意安排一件容易的事情让他完成，并且暗示他，这是一个艰巨的任务，除了他其他人都不能完成。妈妈的信任，会使孩子信心加倍，获得成功后的成就感也就越大，渐渐的，悲观情绪就会离他而去。

妈妈少责骂，孩子更自信

美国思想家爱默生说过："自信是成功的第一秘诀。"自信是一个人对自身价值的积极认识和肯定，是一种良好的心理品质，更是一个人克服困难、自强不息、取得成功的内在动力。然而生活中，妈妈常常脱口而出"你怎么这么笨"、"没出息"等失望的话语，使妈妈常常无意中扮演着打击孩子自信心的角色。

家里来了客人，妈妈做了好些菜招待客人，开饭前刘刚帮忙端菜。忽然，只听"啪"的一声，一个盘子掉在地上碎了，菜还撒了刘

妈妈改变1%，孩子改变100%

刚一身。

"你这孩子，我都这么忙了，你还给我添乱，盘子都能摔了，你还能干什么呀！"妈妈没好气地一顿数落。

"妈，我又不是故意的，手滑了。"刘刚委屈地说。

"不是故意的，难道是成心的，不想帮忙就屋里去，别给我帮倒忙！"妈妈说。

"你看，你都忙不过来，我帮你减轻点负担嘛。"刘刚说。

"哎哟，我的小祖宗，你快给我走开，别到时候再把我的锅给碰翻了！"妈妈把刘刚往厨房外推。

刘刚一番好心遭到妈妈如此地挖苦，心里很难过。他想：我学习不好，连个盘子也端不好，我还能干什么啊？我真没用！

其实，生活中，孩子自信心的建立离不开妈妈的鼓励和赏识，而指责、挖苦很容易触发孩子的自卑心理，让孩子觉得自己一无是处。故事中，刘刚的妈妈就是这样，因为一时疏忽，刘刚失手打翻了盘子，妈妈就责怪刘刚。也许妈妈是无心的，但是孩子的心是敏感的。

所以，当孩子失误时，妈妈要少一些责骂，多一些宽容，不要只盯住自己孩子的短处和缺点。否则久而久之，孩子就会形成心理暗示，觉得自己真的什么也干不好，逐渐对自己的能力开始怀疑，变得自卑，失去自信。

另外，在妈妈口中，有一句最喜欢说而孩子最讨厌听到的话，就是"别人家的孩子"，如"别人家的孩子都能考第一，你怎么就这么笨"、"别人家的孩子怎么听妈妈话啊！"妈妈常拿"别人家的孩子"来说自己的孩子，让孩子在比较之中，逐渐失去了自信，变得懦弱起来。妈妈要知道，每个孩子都是不一样的，如果妈妈总是拿别人的长处跟自己孩子的短处比，给孩子施加压力，那只能使自己的孩子越比越自卑，怎能培养出有自信心的孩子来呢？

自信是一个人对自身价值的积极认识和肯定，这种肯定大多来源于不断的成功体验。所以妈妈应为孩子搭建展现自我的舞台，鼓励孩子通过展现自己获得成就感，这对于他们树立自信显得尤为重要。从孩子的长处、兴趣爱好入手，是很有效的一种方式。比如，有些孩子在体育比赛中是佼佼者、有些孩子有文艺天赋，妈妈可以从他参加活动取得的成绩方面去表扬他，指出其有过人的特长，从而使孩子产生进取的内在动力，增强自信心。

王雪是一名初一女生，妈妈下午一出门，她就坐立不安地开始在房间里打转。原来，今天是学校开家长会的日子，她不敢想象妈妈回来后会是一副什么表情。

虽然她这次考试成绩还不错，但和上学期相比，掉了几个名次，妈妈知道后，一定会不满意的。

果然，晚上八点左右，妈妈回来后，一进家门就板着一张脸把王雪叫到了客厅，抖着手里的试卷问："怎么回事？这么简单的题你都不会了？"

"不是……"王雪委屈地低下头，考试前天她复习得太晚，第二天头晕晕的，就填错了几个答案。但她知道妈妈绝对不会接受这样的理由，动动嘴，还是没说出来。

"不是什么？"妈妈啪的一声把试卷扔在桌子上，批评道，"你看人家小茹，每次都是年级第一名，嘴又甜，能力又强，你怎么就不能向人家学学呢？"

"又来了！"王雪小声嘀咕道。每次都是这样，不管她考得好不好，妈妈总是把小茹搬出来，把自己和她比较一番。

"你说什么？"

"我说，能不能不要总拿我和别人比？再不好，你的女儿也是我，有本事你让小茹当你女儿去。"王雪干脆大声地喊了起来。

妈妈改变1%，孩子改变100%

"你这孩子，还学会犟嘴了！"妈妈生气地扬起手，似乎是想打她，犹豫了一下，终是舍不得下手。

孩子在成长中，无论是学习还是生活，出点差错是很正常的，但是有些妈妈因为对孩子抱有较高的期望，而认为孩子可以做得更好，也必须做到最好，一旦孩子无法达到要求，妈妈就会对孩子进行批评"教育"。尤其还会拿孩子和其他孩子做比较，觉得"我的孩子又不比别的孩子少什么零件，怎么就总不如人呢？你看谁谁谁家的孩子，比我们孩子还小呢，怎么就那么聪明，那么……"

妈妈这样的比较让孩子在无形中也开始和外界做起比较来，当他们发觉自己可能真的不如别人的时候，自尊和自信就会受到严重打击，变得不再自信，甚至会表现得越来越懦弱无能。所以说，孩子在成长中需要来自妈妈的赏识，只有经常得到妈妈的鼓励和肯定，孩子的内心才会充满喜悦，做事能力才会越来越好。

幽默的妈妈培养乐观的孩子

如今，很多妈妈对孩子的家庭教育都是严肃多于宽容，觉得孩子不好好管教就难成大器。其实，严肃的教育给孩子带来的好处并不多，而且还会产生很多弊端。过于严肃的教育，会让孩子在心里对妈妈产生畏惧，变得不敢和妈妈说心里话，担心说错话后会受到批评，这样使本来最亲近的亲子关系疏远了。而幽默型的教育不仅能给孩子带来乐趣，还能让孩子在笑声中深刻体会到教育的意义，让孩子变得更乐观，更喜欢和乐于接受妈妈的教育方式。

王凤的妈妈属于典型的严母，平时总是严肃少言，王凤对妈妈从小就有些害怕，只要妈妈一皱眉，王凤就会立刻思索一下自己几日来的言行，生怕哪些不当会招来严厉批评。

　　而王凤的同学小美的妈妈就比较幽默，经常和她们开一些玩笑。于是，王凤也觉得自己和小美的妈妈比较亲近，学校里遇到一些什么问题，王凤都会跟小美妈妈说，王凤也比较听小美妈妈的话，反倒是冷落了自己的父母，在他们面前总是表现得很消极。

　　后来，王凤的妈妈终于知道了这件事，觉得很伤心，为什么自己孩子去亲近同学的妈妈而不愿意和她多说两句话呢？

　　现在，像王凤妈妈这样比较严肃的家长越来越多，很多妈妈也觉得这样对孩子的教育比较好，可是从王凤的例子可以看出，这样的教育方式还是有缺陷的。有的妈妈会觉得比较幽默的谈话方式起不到教育孩子的效果，其实，只要方法用对，效果还是会有的，而且还很不错。

　　赵雪是个很讨人喜欢的孩子，可就是有点懒，屋子乱了也不收拾，每次进她的房间都要躲避着她放在地上的东西。家里人为此伤透了脑筋。

　　一次邻居家的小美来找赵雪玩，妈妈带她到赵雪房间的时候，见到地上乱放的东西，妈妈微笑着说："小美，我家赵雪想考考你，看看你能不能走出她的'山路十八弯'的迷阵。"妈妈的话让两个孩子哈哈大笑起来，而赵雪的房间再也没有乱得没条理过。

　　妈妈用简单的一句玩笑，就解决了赵雪的懒惰问题，没有对她不停地说教训斥，让她很容易就接受了妈妈的"唠叨"。生活中不难发现，很多妈妈越是对孩子严厉，孩子就会越反抗妈妈，让妈妈不知如何是好。当妈

第五章　妈妈多些乐观，孩子更加阳光快乐

97

妈妈改变1%，孩子改变100%

妈不知如何与孩子进行良好沟通而伤透脑筋时，何不试着换一种轻松愉快的谈话方式与孩子沟通呢？比如，幽默。

妈妈可以把对孩子的说教换成幽默风趣的一次聊天过程。幽默的话不但不会让孩子产生隔代的距离感，让孩子与妈妈交流起来没有压迫感，而且幽默的话还不会让孩子产生叛逆心理，使孩子更愿意和妈妈进行交流。如果妈妈不知道该如何幽默地和孩子说话，可以从一些古人、伟人身上取取经。

清朝乾隆时期有一个大才子叫纪晓岚，他从小就很聪明，也是大家的开心果，经常做一些搞怪的事来逗大家笑。

有一次去私塾上学，趁老夫子出去的空当，他把自己打扮成一个老太太，裹着厚棉衣，摇着大蒲扇，还把小辫子挽成一个圆圆的髻，在学堂里学起了老太太走路，他踮起后脚跟，一扭一扭的，同窗们看了都笑得前仰后合。

这时正好有个读书人从学堂门口经过，看到他这副打扮就笑话说，"你穿冬装摇夏扇，糊涂春秋。"纪晓岚一听，打量了他一番，又听他是南方口音，便回道，"你居南方来北地，什么东西。"那个读书人看他是个调皮的小孩子，本想奚落奚落他，不想却被他数落了一番，心中很不是滋味，讪讪地走了。逗得同窗们又是一阵哄笑。

后来，他被乾隆皇帝重用，封为大学士，虽然身为朝廷重臣，却依旧没有改掉爱逗人的老"毛病"，经常和同僚们开玩笑。

有一次上朝，大臣们都在朝堂上候着，皇帝却迟迟不来，纪晓岚觉得无聊，就对大家说："老头子做什么去了，怎么还不来啊？"大臣们一听，都低声笑了。可是，这话恰巧又被皇帝听到了，乾隆很不高兴，责问他："你刚才说什么，谁是老头子？"纪晓岚知道推不过，就说："臣说陛下是老头子。"皇帝听后龙颜大怒，拍着椅子说："你是说朕老了吗？"百官们吓得连忙叩首，大气都不敢出一声，纪晓岚却跟个没事人一样，笑着说："万寿无疆才叫'老'，顶天立地才叫'头'，以天为父、以地为母才叫'子'，所以，臣称陛下为'老头子'。"皇帝一听，哈哈大笑，说："爱卿真是朕的贤臣啊！"

如果妈妈还是觉得自己的幽默细胞不太丰富，可以多看些笑话，不但能让自己心情愉悦，也能够提高你的幽默感。而且，在看到有趣的笑话时，还能和孩子一起分享，体会其中的乐趣。这种无形之中的影响，不仅会改善亲子间的关系，还会让孩子在妈妈的幽默话语下，变得乐观，对生活充满自信。

有时候孩子会在家中开些小玩笑，妈妈最好不要漫不经心，或者对孩子说"别闹了，一边玩去"这类的话，这样会使孩子觉得妈妈不喜欢他这样，以后也不会这么开玩笑了，幽默感不知不觉间被扼杀了。和孩子像朋友间一样开玩笑，会让孩子有种受尊重的感觉，且孩子的心情也比较轻松，和妈妈交流起来，不会有怕受批评而不敢说的紧张感，是一种比较健康的交流方式。

第六章
妈妈少一点溺爱，孩子就会多一些自立

很多妈妈希望自己的孩子能早早学会独立，这样自己就不用为他们操心了。但妈妈一边这样希望着，一边却又对孩子大包大揽，让孩子在妈妈的溺爱下，无法真正得到自立的能力。这样的矛盾行为相信发生在不少妈妈的身上。妈妈要知道，这样的爱是沉重的，会让孩子对妈妈越来越依赖，以致完全失去独立自主的生存能力，到时候后悔就来不及了。

做自己的事，学会独立

现在的家长和学校都太在意孩子的学习分数，为了让孩子多些时间学习，能有个好成绩，很多妈妈平时都不让孩子做和学习无关的事情。但孩子的成长应该是知识和能力均衡发展的，从全面发展的角度来看，只是学习好的孩子发展并不全面，对孩子的成长十分不利。

为了让孩子好好学习，甚至还有一些妈妈替孩子打理好生活上的一切，以为这样为孩子扫平学习道路上不必要的障碍，孩子就会学习好，就会获得成功的人生。可是妈妈不要忘了，自理自立的能力是在课本上学不到的，而孩子长大后总要离开妈妈的，到那时候妈妈该让孩子怎么办呢？

孙蕊欣每学期都会有一天噩梦，但这个噩梦不是考试，而是学校的大扫除。每次大扫除老师都会分配同学不同的任务，但无论老师分配给孙蕊欣什么任务，孙蕊欣总会搞出点乱子来。上次大扫除，老师分配给她的任务是拖地，但是孙蕊欣不知道要先把拖布弄湿才能拖地，同学见到她那笨拙的样子，一个个都忍不住大笑起来。

上学期的阴影还没祛除干净，这学期的大扫除马上就到了，时间越近，孙蕊欣就越紧张，但这天还是来了。这次还好，老师让孙蕊欣负责她座位旁边的一扇窗户，和下面的几张桌子。当听到老师让她擦窗户的时候，孙蕊欣暗暗舒了一口气，虽然玻璃没擦过，但孙蕊欣觉得这难不倒她。

可事情说起来简单做起来难。眼见别的同学都要完工了，可是孙蕊欣才擦了两块玻璃而且还不干净,她越想越丧气,只好匆匆擦一遍了事。当老师检查同学打扫得是否合格的时候,远远看到孙蕊欣的玻璃是最脏的,老师知道孙蕊欣是有名的娇娇女,对此并不意外,但老师觉得擦桌子这么简单的事情孙蕊欣应该能做好,但当老师见到满是脚印的桌子时,不禁惊呆了,"孙蕊欣,你为什么不擦桌子呢?"老师耐心地问道。

"我擦桌子了啊……"看到满是脚印的桌子时,孙蕊欣才意识到擦好的桌子在擦玻璃的时候又给踩脏了。

"孙蕊欣,你不会不知道先擦玻璃再擦桌子吧?"一个同学忍不住问道。

"我现在知道了……"娇小姐感到很不好意思。不一会儿,在大家的帮助下,孙蕊欣的任务总算完成了,而孙蕊欣在心里暗下决心,以后再也不要妈妈帮她做这做那了,她要自己学着做。

因为孙蕊欣是个什么事都是妈妈代管的娇娇女,所以学校大扫除中一些简单的事情孙蕊欣都不会做,不过,幸好孙蕊欣自己发现了不足,下定决心不再依赖妈妈。从孙蕊欣的例子可以看出,妈妈越俎代庖替孩子做过多的事情对孩子并不好,这会让孩子难以适应社会的需求。

其实,只要妈妈少一些溺爱,多培养孩子的独立意识,孩子就会获得全面发展,而孩子的独立性越强,孩子其他方面的发展就越好。但是,因为妈妈的大包大揽,让现在的孩子独立性变得越来越差。据某教育机构调查显示,低年级学生30%不会洗脸,40%不会穿衣服,90%以上不会自己整理书包;中年级60%不会整理房间;高年级70%不会做饭。看了这些数据,妈妈是不是感觉压力很大,很可怕呢?所以,在日常生活中妈妈应及时调整自己的教育理念,改变关心孩子的方式,让孩子学会独立生活。

妈妈在平时,应教会孩子自己整理书包。整理书包似乎是件小得不能再小的事情了,可是,就这件小事有的孩子却不会。原因就在于很多妈妈觉得孩子小，什么还都不会做，于是把这件事揽到了自己身上，总是替孩子整理书包，结果让孩子失去了锻炼独立性的大好机会。

刘小雪刚上学的时候，妈妈觉得孩子小不会整理书包是件很正常的事情，也没在意，就帮孩子整理了。可后来，妈妈看到邻居的孩子都是自己整理书包的，但是刘小雪还不会。妈妈开始反省，是不是自己为孩子做得太多了，其他小孩子能做的，小雪应该也能做。

于是，当天晚上妈妈开始有意识地提醒刘小雪："小雪，你也长大了，不能老依靠妈妈了，你得自己学着整理书包了。邻居的小辉和小静都是自己整理书包的，妈妈相信你也会的。"

刘小雪虽然有些不愿意，但还是在做完作业后，自己试着整理起来。妈妈见到刘小雪肯自己整理书包，很高兴。

"需要妈妈帮忙吗？"妈妈亲切地问道。

"不用了，我知道根据课表拿明天需要的课本就行了，对不对？"刘小雪问道。

"很对，但要看仔细，不要落下东西就行了。"

"我应该没什么落下的了，我已经检查一遍了。"刘小雪试图让自己自信些。

但是刘小雪还是落下东西了，因为上节课老师要求同学们带练习册，刘小雪把这件事给忘了。妈妈给刘小雪出了好主意，让刘小雪把老师下节课让带的书记到一个小本子上，这样整理书包的时候可以拿出来看看，就不会出现忘带东西的情况了。

刘小雪的妈妈是位懂得反省的母亲，在看到别的小朋友可以自己整理书包时，立刻想到了自己的孩子，并且妈妈教育孩子付诸行动也很快，当天就开始让刘小雪自己整理书包，在刘小雪出现问题的时候，及时地给孩子出点子，帮孩子解决问题。

妈妈还应让孩子学会自己叠被子。很多孩子都有不叠被子的习惯，也许是因为早晨上学匆忙，也许是因为懒，还可能因为孩子就是不想叠被子。不论哪种原因，妈妈都应让孩子自己的事情自己做，而不是替孩子叠。

妈妈还要定期安排和孩子一起打扫房间，孩子自己的房间，要让他自己来打扫。有些孩子对房间的整洁注重比较少，觉得脏一些、乱一些没什么，如果脏乱不是很过分的话，大可不必打扫。其实这样很容易引起孩子的懒惰心理，让孩子变得不爱劳动，也不注重个人卫生，最后既无法独立打扫卫生，也容易生病。所以，妈妈应该让孩子学会打扫自己的房间，学会独立。

帮孩子制订独立计划

现在很多孩子对妈妈过于依赖，不仅把自己的活交给妈妈来做，就连每天起床睡觉都要妈妈督促，一点作息规律都没有。尤其是早上，孩子经常因为睡懒觉而不起床，而妈妈来叫他的时候，他还不停地磨蹭，就是不愿意起床。妈妈要知道，当孩子对自己的时间没有一点规划时，就等于不知如何利用自己的生命。虽然听起来有点夸张，但事实确实如此。所以，妈妈在孩子的成长过程中，不仅要鼓励孩子学会独立，还要制订一套独立的方法和规定，让孩子学会自己思考，成为生活的主角。

妈妈应逐渐放手让孩子安排自己的生活，让他们根据自己的喜好、学习量身订制一个较好的独立生活习惯和学习计划，作为孩子独立的第一步。坚持有规律的生活和学习，就会让孩子养成良好的习惯。而好的习惯无论从生活上还是学习上都会给孩子带来意想不到的收获，让孩子更好更快地学会独立生活。

　　朋朋是个游戏迷，每天晚上都要玩到十二点才肯睡觉，每天早晨眼看要上学迟到了，才起来匆匆忙忙穿好衣服，然后饭也不吃，就跑着上学去了。

　　由于睡眠不足，朋朋上课的时候经常打盹，所以朋朋的成绩也不好。妈妈很担心朋朋会一直这样下去，每天苦口婆心地督促朋朋少玩会儿游戏，早点睡觉。朋朋也知道自己这样下去不好，但却不知道该怎么办。

　　这时，妈妈建议让朋朋根据自己的情况自己制订一张作息表，按照作息表的时间去作息，朋朋觉得这个主意不错。可是制订的时候，朋朋却不知该把什么放入计划中，比如，每天放学后写作业，然后再做些什么就不知道了，因为他以前除了应付作业的时间都在玩游戏。

　　看着孩子为难的样子，妈妈忍不住提醒道："你的功课落下了那么多，是不是该补补啊？你还可以想想，除了游戏，还有没有别的爱好。"

　　有了妈妈的指点，朋朋又加进去了复习以前的功课、听音乐和练字这几项，时间的长短都是自己安排的。做完计划之后，朋朋想让妈妈看看，妈妈说："有什么不足的，以后慢慢改，现在最重要的是要正常休息。"朋朋点了点头，觉得妈妈说得很对。

　　第一天，朋朋很不习惯，早早地躺在床上却睡不着，因为他已经习惯了晚睡，没躺一会儿，朋朋又有了玩游戏的想法。朋朋挣扎了一下，还是打开了电脑，"从明天开始，我就好好遵守。"朋朋对正在玩游戏的自己说。

　　第二天，朋朋又没起来，妈妈很失望，朋朋自己也很内疚，想让妈妈每天监督他。但妈妈说："朋朋，命运是握在自己手里的，一个人只有自己管得了自己，才有资格去做别的事情。"

妈妈改变1%，孩子改变100%

晚上朋朋到了计划的时间还是睡不着，但当他一想游戏的时候，就会想到妈妈说的话。终于，朋朋第一次征服了自己，没有玩游戏，妈妈知道后露出了欣慰的笑容。第一次的成功给了朋朋很大的信心，渐渐地，朋朋适应了新的睡眠时间，作息正常了起来。

朋朋因为贪玩游戏而导致无法正常学习，制订的作息计划第一天就执行失败，而妈妈的话让朋朋克制住了自己，帮助朋朋履行了作息计划。所以说，孩子刚刚开始，不是所有的事情都可以办得完美，妈妈要做的不是代劳，而是指导。妈妈要让孩子学会制订作息计划。让他们自己安排时间做自己想做的事情。如果孩子不知道该怎么做的话，妈妈可以在一旁做些指点，让孩子琢磨自己该怎么做，妈妈不能全盘插手，这样孩子才能学会独立。

赵雅芳升初一了，时间也紧了起来，随之而来的大量的作业让赵雅芳不知该如何分配时间。老师在课上建议同学们自己制订个作息计划，这样学习起来会比较方便，赵雅芳听了老师的建议，也想做一个作息计划，但是没做过，于是回家向妈妈求助。

"芳芳，你都上初中了，这点小事应该学着自己做了，你不能靠妈妈一辈子啊。"妈妈头疼地看着什么也不愿做的女儿。

"可是我没做过，不会嘛！"赵雅芳开始向妈妈撒娇。

"妈妈可以教给你办法，也可以给你提建议，但妈妈是不会替你做的。"妈妈下定决心不再让女儿这么依赖自己。

见女儿终于有了自己动手的意思，妈妈建议说："你可以到网上查一查，先看看网上是怎么做的，然后也可以问问你的同学，毕竟你们的课程是一样的，最后还有什么不懂的可以问妈妈。"

赵雅芳只好按照妈妈说的，自己先在网上搜了些资料，然后根据自己课程的情况，做了个表的雏形，又跟自己的同学商量了一下，发现同学各有各的想法，值得借鉴的很多。赵雅芳自己又想了想，在周末给自己留了点儿看小说的时间，但又不知道这个时间该定多少比较好。

最后，赵雅芳将耗掉她大半天时间才做好的作息表让妈妈看，想让妈妈看看是否有些不合理的地方。"唔，没看出来，芳芳做得不错嘛！"妈妈大致看了一下之后，给了赵雅芳一个赞赏，"不过，这个吃午饭的时间是不是有点短，吃得太快对胃口不好，这个时间可以延长一些，你也可以趁着吃饭多休息一会，你学了一上午，多休息一会下午才有精神。"

"我这就改一下，其他的地方呢？"

"其他的还好，有问题的话你可以根据自己的情况再改一下。"妈妈最后笑着建议道。

有的孩子像赵雅芳一样，不是做不好，而是不想做，这时妈妈应该像赵雅芳的妈妈一样"狠下心"来，让孩子自己做，自己去想办法，从而让孩子渐渐摆脱对妈妈的依赖，自己学会支配时间，做时间的主人。妈妈应鼓励孩子坚持执行自己订制的作息计划，而且，妈妈还应教孩子对计划做一些灵活的变通。世上没有不变的法则，而生活中也随时有意外发生。比如，孩子放寒暑假的时候，就没必要在让孩子像平时那样紧张了，可以让孩子多休息、多玩一会儿，但是要把握一定的度，不可让孩子通宵到天亮，然后白天大睡。

妈妈改变1%，孩子改变100%

在逆境中让孩子独立起来

"逆境出英雄"。但现在的孩子却很缺乏挫折教育，小时候摔一下、磕一下妈妈都会心疼半天，让孩子自己站起来继续向前走的妈妈少之又少，逐渐的，这样的孩子就在妈妈的溺爱下失去了独立的能力，变得越来越依赖妈妈了。

培根是英国一位哲学家，他曾说过："超越自然的奇迹大部分都是在逆境中出现的。"孩子不仅是妈妈的未来，也是一个国家的未来，如果他在面对挫折时不能独自站起来，那么我们的未来还有什么希望呢？所以，妈妈在教育孩子时，应该告诉他，面对挫折，在哪里跌倒的，就要从哪里站起来。这样才能逐渐培养孩子坚强、坚韧的性格，让他变得勇于面对挫折，并学会打败挫折，逐渐强大起来。

王涛因为妈妈工作的原因，从小和爷爷奶奶生活在一起，作为王家的"独苗"，爷爷奶奶一直很疼爱他，小的时候看到他摔倒，都心疼半天，恨不得替宝贝孙子受伤。因为爷爷奶奶过分的宠爱，王涛逐渐变得越来越"娇气"，一个男孩子，却整天哭个不停，稍微磕碰一下，就会喊疼掉眼泪。

王涛小学五年级的时候，妈妈的工作终于稳定了下来，就把他接到了身边。为了增加母子间的感情，每次晚饭后，王涛的妈妈都会叫上儿子一起去散步。

这一天，母子俩照例又出去"消食"，王涛走路不小心，脚崴了一下，撞到了旁边的大树上，胳膊上擦破了一小块，他马上疼得大声哭了起来。

"怎么了？不就是擦破点儿皮吗？有这么疼？"王涛妈妈一开始觉得好笑，逗了儿子一会儿，发现他越哭越凶，根本什么话也不听，就有点生气了。

"有什么好哭的，别哭了。"妈妈的语气有点凶，王涛见妈妈不像爷爷奶奶那样哄自己，心里顿时觉得很委屈，本来不怎么疼的胳膊，也好像变得越来越疼了。

"我不回去，我要爷爷奶奶……"王涛一屁股坐在地上，哭着就是不回家。

妈妈恼火了，抱起他就在他屁股上狠狠地拍了两巴掌，生气地带着他回了家。

后来，王涛妈妈想到了一个办法，从那以后，王涛身边就多了一个小伙伴，妈妈同事家的女儿芳芳，每次只要王涛遇到点事想哭的时候，芳芳就会说他没出息，这么大了还哭鼻子。

有一次，他们两个人出去买东西，刚下过雨，路上有点滑，王涛和芳芳不小心都摔倒了。王涛一摔倒，就开始张望着找妈妈，眼睛也湿润了像是随时会哭出来。

芳芳却麻利地站了起来，拍拍手上的泥巴庆幸地说："哎，幸好没有摔个'狗啃屎'，要不然真得丢死人了。"

她见王涛还坐在地上不起来，就问："你怎么还不起来？难道你一个男孩子，还让我一个小姑娘去扶你起来？你也太没出息了吧？"

"谁没出息了，我，我自己也能站起来。"说着，王涛第一次，依靠自己的力量，摔倒后站了起来。

回到王涛家后，芳芳偷偷找到王涛的妈妈，高兴地说："阿姨，你教给我的任务我完成了，我成功地用激将法，让小涛自己站起来了！"

王涛妈妈正在清洗王涛刚刚弄脏的衣服，听到芳芳的话后，连连夸奖她，也为自己的"神机妙算"得意了一把。

故事中的小男孩王涛，因为爷爷奶奶的宠爱，一遇到挫折就想逃避，不愿意自己站起来。当妈妈知道这个情况后，使用了错误的教育方法，动手打了他。这样不仅不会让孩子变得独立，还会让孩子产生叛逆性格，既不利于孩子的成长，也会增加妈妈对孩子进行家庭教育的难度。后来，小涛的妈妈使用了激将法，成功地让小涛自己站起来了。其实，妈妈教会孩子在逆境中站起来的方法有很多，对待不同性格、性别的孩子，妈妈要学会用不同的方法来培养孩子的独立意识。

孙蕊最近变得越来越不喜欢上学，妈妈问她为什么，她总是回答："反正就是不喜欢。"

后来，在一次偶然的机会，孙蕊的妈妈才得知，女儿之所以现在如此消沉，是因为不久前代表学校参加英语比赛的失利所导致的。

妈妈想了很多方法，鼓励女儿重新站起来，面对眼前的困难，但孙蕊总是提不起劲儿，总觉得上学现在已经变成了一种折磨。

最后，妈妈对她说："这样吧，你再坚持一个月，如果真的感觉上学是件痛苦的事情，妈妈就答应让你退学。"

孙蕊愣了一下，当听到妈妈真的会不让她上学，她又有些犹豫了，"我真的可以不用去上学吗？"

"可以，但是这段时间里，妈妈有个小小的要求。"

"什么要求啊？"

"你要把你在学校里遇到的每一件挫折，都写下来，回来后告诉妈妈，并按照妈妈说的去做，怎么样？"

"没问题。"孙蕊早就想让妈妈知道她在学校过得多么不开心了，这个要求正合她心意。

就这样，孙蕊每天都会把当天遇到的挫折写下来，交给妈妈。

妈妈见女儿写的挫折中，有上学迟到被批评了、考试不理想被同学骂笨蛋、体育课摔了一跤被同学们笑话、上课答不出老师的问题被训了……

都是一些常见的小挫折，几乎每个人都在学生时代遭遇过。妈妈就这样，帮女儿把每天遇到的挫折分类整理，然后从最容易解决的入手，要求女儿以后天天早起，每天复习功课，不再迟到，不再忘记老师讲过的内容……

渐渐的，孙蕊又开心了起来，有一天，她高兴地对妈妈说："妈妈，我今天在学校遇到的全是好事，老师说，下次我们学校英语比赛的代表还是我，这次我一定要考个好成绩。"

妈妈听后，微笑着点了点头，没再提她不想上学的事。

故事中孙蕊的妈妈是位沉着冷静的好母亲，她并没有训斥女儿不想上学的想法，而是和女儿一起找挫折，把孙蕊在学校遇到的不开心的事情全写下来，再一件一件地帮助她解决，最终孙蕊不仅重拾自信，还变得独立了起来。

其实，孩子在逆境中"跌倒"是一件很正常的事情，在人生的成长道路上，只有经历过风雨的洗礼、经历过挫折、陷入过困境，才会变得坚强，从而看到风雨之后的绚丽彩虹。所以，当孩子身陷逆境，遭遇挫折时，妈妈要及时帮助孩子走出逆境，根据孩子的不同性格，来培养孩子的独立意识，教他走出逆境。

妈妈改变1%，孩子改变100%

不指责孩子的失败

失败是成功之母，孩子由于心智发展还未成熟，经历和经验相对匮乏，相比成年人遭遇失败和挫折的机会也更大，但这些失败的经历，也会是他们走向成功的大好机会。要知道，暂时的失败并不等于永远都不会成功，对待孩子的失败妈妈不应该一味地指责和打击，更不应该埋怨和讽刺，那样只会让孩子更加痛苦和胆怯，以致再也不愿尝试。

"儿子，过来帮把手，帮我拿着扳手拧住这个螺丝。"正在修自行车的妈妈招呼王凯过来帮忙。

"好。"王凯放下手中的作业兴致勃勃地跑来，蹲到妈妈的身旁，

"妈，不是链条掉了吗，你拧这个螺丝干嘛啊？"

"这个螺丝也松了，不拧紧链条还会掉的。"妈妈回答道。

"哦，这个链条应该很好装回去吧？妈，你让我试试吧？"王凯蛮有兴致地想自己动手装一下链条。

"这油乎乎的你还是别动了，你也装不好。"妈妈一边拧螺丝一边说。

"没事，就让我试试嘛，感觉挺好玩的。我现在装一次学会了以后再掉我就能自己装上了！"王凯调皮地对妈妈说。

"好吧，来试试吧！"

王凯蹲下身开始先装后面的链条，"妈，这不很简单吗！"说着便去装前面的链条，可总是装不上。

"笨蛋，你应该先装前面的！"妈妈冲着王凯喊道。

"哦！"王凯伸着油乎乎的手继续按照妈妈的要求去装，可还是装不上。

"不行吧？就说你笨你还要逞能！起开吧！"妈妈推开蹲在地上的王凯就要自己动手装。

"妈你再让我试试吧！我刚要摸索出来怎么装你就不让我装了……"王凯撇着嘴说道，希望妈妈能再给一次机会。

"你烦不！没本事还逞能，写你的作业去吧！"

王凯耷拉着脑袋起身走开了。

孩子在成长的过程中不可避免地会遇到各种失败和挫折，而来自妈妈的训斥和指责不但起不到任何激励作用，反而会打击到孩子的积极性，失去独立自主的能力。如果妈妈能包容孩子的失败，帮助并指导孩子走出失败的阴影，相信孩子能做好，鼓励孩子"再试一次"，那么孩子就能坦然面对挫折，同时也会更加积极、主动地去克服困难，进而逐渐培养出坚强的意志力。

所以，妈妈不要因为孩子的失败而难过，不能在孩子面前唉声叹气，更不能责骂孩子。要让孩子明白，每个人都会失败，失败了不要紧，要紧的是不能在同一个地方跌倒两次。

当孩子遭受失败的打击时，妈妈要帮助孩子找到失败的原因，引导孩子释放失败的压力。处于成长阶段的孩子，由于经验浅、眼界不够开阔，常常无法找出失败的根源。这时候，妈妈应该帮助孩子分析问题、解决问题，让孩子头脑清晰地面对问题、释放压力，这样，孩子才能真正地超越失败走向成功。妈妈还可以鼓励孩子多看一些在失败中成长起来的名人的故事，让孩子在故事中，学会独立面对失败。

刘永好出生在一个普通家庭，在家中排行第四。由于受到母亲

"一个人养活一家七口"的坚强精神的影响，少年时的他便懂得生活的艰辛和奋斗的重要性。

为了使家人生活得更好，在八十年代，刘永好四兄弟萌生了自主创业的想法。于是，他们纷纷辞去了政府部门、国有企业中令人羡慕的官职和工作，来到农村，开始了日后被刘永好称之为"孤岛生存"的创业历程。

创业并不是件容易的事，尤其是对于贫困的刘家人。为了攒够启动资金，刘永好曾经向银行请求贷款，可是银行并不相信他有偿还的能力，便拒绝了他。然而他们并没有因此而放弃，刘家四兄弟靠变卖家具、自行车等家产的方法，终于筹集了近千元的创业资金。经过一番商量，他们决定从熟悉的领域开始做起——养鹌鹑。

因为没有厂房，刘永好就将自家的阳台改成了养殖场。由于有经验，肯吃苦，几个月后，刘永好四兄弟的鹌鹑越养越多，小小的阳台已经变得很"拥挤"。为此，兄弟四人从外乡买来了砖头和拉砖机，在腊月寒冬冒着凛冽的寒风硬是将厂房建了起来。

育新良种场的建立与发展，使刘家人的生活逐渐好起来。然而，1984年降临的一场灾难，几乎毁了刘永好四兄弟的一切成果。一天，邻近县城的一个养殖专业户找到刘家，下了十万只小鸡的订单，刘永好四兄弟觉得这是笔大生意，接下单来对养殖场的壮大会有好处。于是，兄弟几人四处借钱，购买了相应数额的种蛋，并连夜将小鸡孵化出来，交到专业户手中。谁知，到了向刘家兄弟交款的日子，专业户已经不见了踪影，而放在他家里的小鸡也被闷死了一半。

这样的变故对于任何生意人来说，都犹如晴天霹雳。刘家四兄弟也为此消沉了整整一夜。但是与常人相比，他们从灾难中走出来的时间要短得多。第二天，刘永好四兄弟便用连夜编好的竹筐装上小鸡，进城去卖。不论是天降大雨，还是烈日当头，都会在成都的农贸市场中看到刘家四兄弟忙碌的身影。一星期之后，他们硬是将几万只小鸡卖完了。

挫折并不能使勇者退缩，反而能使他们拥有更坚定的信念和毅力。在品尝了"经营损失"的苦果之后，兄弟四人常用"我们一定要坚持下去！"这句话给彼此打气。

在随后的经营过程中，兄弟四人努力学习养殖技术，并且在鹌鹑养殖中逐渐摸索出一种良性的"循环饲养法"。这种方法的运用使养殖场降低了成本，提高了产量。到了1986年以后，刘永好兄弟的养殖场产量已经超过16万只，产品畅销全国。

成功正是源于失败后的一次次尝试。对待遭遇挫折的孩子，妈妈一句"再试一次"，不仅是对孩子所做努力的肯定与认可，更是孩子接下来尝试的动力。所以，妈妈要鼓励孩子正视失败，告诉他们，失败并不可怕，可怕的是不敢再尝试失败，失败的体验越多越能够增加孩子成功的概率。

自信的男孩，更需要知识的力量

生活中，很多男孩都认为要做自信的男人，就要勇敢大胆，而不是做个文弱书生，整天伏在案上读书写字。所以，很多男孩从小就养成了不爱学习、专做"行侠仗义"等事的习惯，而他们的"行侠仗义"，往往只限于帮同学打架出气上。其实，男孩要做勇敢、自信的男子汉，更需要丰富的知识为其做后盾。这是因为，男孩只有用知识武装自己，才能成为真正的强者。

英国著名的科学家、哲学家弗兰西斯·培根曾说"知识就是力量"，他用最简单的语言告诉人们知识的重要性。知识是一种力量，是一笔财富，但它不是普通意义上的物质财富，而是一种难以衡量的精神上的财富。无论男孩抱以什么样的理想和志愿,他都必须努力学习,获取丰富的知识。妈妈要在教育男孩的时候,把这一点告诉他,及时纠正孩子的错误想法,让孩子自信地步入知识的殿堂。

小男孩杜学明有些顽皮,他不爱读书写字,每天回家都要在妈妈的"威逼利诱"下才去做作业。有时,爸妈逼得太紧,杜学明就气愤地说:"我以后又不当科学家,我要练武,行侠仗义,抓坏人,我学那么多知识有什么用,爸妈还不如直接送我去少林寺练武呢?"

后来,妈妈意识到问题的严重性,决定想些办法让杜学明重视学习文化知识。一个周末,妈妈带杜学明去公园玩儿,还刻意买了渔具去钓鱼。那天下午,一家人在公园里玩儿得很高兴,但一下午只钓了一条小鱼。于是,妈妈趁机问杜学明:"孩子,妈妈给你讲个故事怎么样,有兴趣听吗?"

一提起讲故事,杜学明当然有兴趣了,他说:"妈妈快讲啊,我当然想听了。"

妈妈说:"从前有个老人在河边钓鱼,他坐在河边没多久,就钓了满满一大篓鱼。过了一会儿,一个小男孩从他身边走过,小男孩觉得老人钓鱼技术很高,他认真地看老人钓鱼。老人回头看到小男孩很可爱,就想把一篓金鱼送给他。这时,小男孩摇摇头说他不要,老人很诧异,这么一大篓鱼,别人求都求不来,他怎么会不要。小男孩说他要老人手中的鱼竿,老人问这是为何,男孩说有了鱼竿他就可以自己钓鱼,可以有源源不断的鱼吃,拿回一篓鱼他吃几顿就再也没有了。你说这个小男孩算不算聪明?如果让你选,你会怎么选呢?"

杜学明点头说:"他当然是很聪明的,他知道有了鱼竿可以自己钓很多鱼,让我选,我也会选鱼竿的。"

妈妈摇摇头说:"孩子,你们都错了,你们是不是以为只要有鱼竿就能钓很多鱼呢?那为什么今天我们俩只钓了这样一条小鱼呢?"

杜学明也有点不明白了，他问妈妈为什么，妈妈回答说："因为我们都不懂钓鱼的技巧，我们应该选择的是让老人教我们关于钓鱼的知识，不学会如何钓鱼，光有鱼竿，我们一条鱼也吃不到。这跟你选择学武放弃学文化知识的道理是一样的，如果你认为学武术只是学习肢体上的动作，那是错误的想法。你想想，如果你现在不学知识直接去练武，那你连那些经典武学秘籍上的文字都不认识、不理解，你怎么学好武术；如果你不读书，将来即使成为武艺高强的人，除了把你会的武术动作做给别人看，你还能做什么，你要怎样独立生活呢？"

听了妈妈的话，杜学明有所醒悟了，他说："妈妈，我明白了，不管我要做什么，都要先学知识，有了知识才能学好其他东西，对吗？"

妈妈点点头。

自那以后，杜学明开始认真学习，不再逃避学知识，偶尔偷懒一次，在妈妈的监督下，杜学明也会乖乖去读书，他逐渐学会了严于律己。

要知道，没有学会钓鱼的方法和技巧，有多少鱼竿都钓不出鱼。在妈妈的一番教导之下，杜学明终于明白了知识的重要性，也知道了无论自己要成为什么样的人，都要学习丰富的科学文化知识，让知识做后盾，助他成为真正的强者。知识的力量是巨大的，能让一个人发生天翻地覆的改变。

1979年，刚从护士学校毕业的吴士宏患上了白血病，在长达四年的治疗时间里，吴士宏一边忍受命运对她的无情折磨，一边思考今后的出路。"如果我的一生就这样过去，那么我将没有任何可以回忆的作为。"为了让自己有完满的一生，更为了有"大作为"，吴士宏决定从零做起，以参加自考的方式改写自己的人生路。第一步是要拿到英语专业的相关文凭，从没学过英语的她付出了十二分的努力，一切都要从头学起。终于，凭借自己的刻苦，在取得英语专业文凭的同时，吴士宏也获得了进入一家外企的机会——到IBM做行政专员。所谓的行政专员，其实与零工无异，吴士宏每天的工作都是沏茶倒水、打扫卫生。而工作上的辛苦并没有使刚强的她感到难以忍受，真正让她感到难以忍受的，是她与其他人的差距。在这一群白领阶层中生存，吴士宏处处感受到的是其他人的鄙夷和嘲弄。

有一次吴士宏外出回来，门卫故意刁难她，不让她进公司。来来往往的人都向吴士宏投来异样的目光。自尊心极强的她忍受住了愤怒，并在心里暗暗发誓：这样的日子不会长久，我决不允许别人把我挡到任何门外！

从此，吴士宏更加认真地对待本职工作，并用工作的闲暇为自己补充专业知识和技能，发奋研读有关市场销售方面的书籍。在遇到新的工作机会和人事调动时，吴士宏总是极力争取。终于，由于其突出的业绩，使吴士宏的事业节节攀升，坐到了IBM中国销售渠道总经理的职位，人称"南天王"。

作为有丰富学习经验和社会实践经验的妈妈，应及早告诉孩子知识的重要性，努力让孩子重视对科学文化知识的学习，并在其学习文化知识的同时，多培养孩子的自信心和独立性，只有孩子拥有自信和独立的能力，才会在知识的陪伴下，成长为真正的独立的人。

独立的孩子要有主见

孩子在成长的过程中，都会慢慢感受到自己的"权利"——抉择权，也会有利用这一"权利"的想法。但妈妈往往会在无意中压制孩子自己选择自己做主的要求，时间一长，孩子的自主性就会下降，对能做出决定的事情也会犹犹豫豫不敢做主，让孩子表现得十分没有主见，独立生活能力也随之下降了很多。

儿子刘中华马上要开学了，妈妈带着他去超市选购新的学习用品，来到包具区的时候，妈妈说："小华，来看看书包，你那个不是破了吗？咱们选个新的，喜欢什么样的？"

"嗯……"刘中华跑过去，左看看，右看看，拿起这个思考半天，又拿起那个想了很久，还是拿不定主意要哪个。

"妈妈，你帮我挑吧。"

"都不喜欢？"

"我不知道选哪个。"刘中华很苦恼地说道。

"喜欢哪个就选哪个啊。"妈妈向前推了推他，可他还是摇摇头，一个劲儿地往妈妈身上退，"妈妈，还是你帮我挑吧。"

"哎，那就选这个天蓝色的吧，有蓝天白云，看着心情就不错。"

"嗯。好。"刘中华拿着妈妈挑好的书包，很平静地接了过来，既不欢喜，也没表现出不快来，妈妈很无奈地叹了口气。

第二天一早，妈妈早就做好了早饭，可刘中华还没从房间里走出来，妈妈看看时间，朝他的房间喊："小华，时间到了，要迟到了哦！"

"我，我马上就好。"

可几分钟又过去了，他还没出来，妈妈忍不住推门进去，见他正盯着两条裤子发愁。

"怎么了？"妈妈问。

刘中华抬头，十分苦恼地问道："妈妈，我该穿哪条裤子？"

妈妈改变1%，孩子改变100%

"这有什么发愁的，随便哪条都行啊，喜欢哪条选哪条。"

"我……不知道……"刘中华慢慢低下了头，妈妈顿时语塞，这也有不知道的？还是这孩子太没主见了，自己喜欢什么都不知道？

故事中的刘中华就是现在孩子中没有主见的典型例子，不知道自己喜欢什么，该做什么决定。但妈妈在头疼的同时，却依旧让孩子过于依赖自己，给出孩子"答案"，这种做法是十分不可取的，会让孩子变得越来越没有主见。

而要让孩子有所改变，妈妈就要适当地放手。当孩子提出某种想法，想自己做些事情时，只要妈妈认为在合理范围内的，最好给予支持，让孩子放手去做。当孩子面对抉择的难题时，妈妈可以在一旁给予暗示或指导，但要让孩子自己拿主意，根据自己内心的想法去作决定。妈妈还要培养孩子明辨是非的主观能力，不要让孩子变得人云亦云。

一天，8岁的小男孩小刘回家后闷闷不乐，妈妈问："小男子汉，今天遇到什么烦心事了吗？"

小刘犹豫了一会儿说："妈妈，今天我的电子词典不见了，同学们都觉得是小力偷的，我也怀疑是他，可他自己不承认。"

"你们为什么怀疑他呢？有什么证据吗？还是有人亲眼看到他拿了？"妈妈问。

小刘回答道："这倒没有。只是，大家都觉得小力平时不爱搭理我们，大家出去玩的时候，他经常一个人待在教室里，今天他就一个人在教室里待了很长时间。而且同学们都说他家比较穷，他很羡慕我们用的这些文具，所以他偷东西的嫌疑最大。"

"原来是这样啊。你们没有证据，就不能这样主观地断定是小力偷了东西，知道吗？你反过来想想，假如小力丢了东西，他一口咬定是你偷的，你会有什么样的感觉？"妈妈问。

"我当然很生气，很难过啊！我是个好孩子，绝对不会偷别人的东西的。"小刘说。

妈妈继续问："那么，你又怎么知道小力不是好孩子呢？只因为他家经济条件不好，又不喜欢和同学们一块儿玩，你们就说他会偷东西，这对他是不是不公平呢？万一是你们错怪了他，他该有多难过啊！"

小刘仔细想了想妈妈说的话，然后点点头说："妈妈，你说的对，我不能冤枉别人。这件事我会告诉老师，让他帮我找电子词典。如果不是小力拿的，我一定向他道歉。"

如果孩子实在拿不定主意到底该怎么办才好时，妈妈可以提出一些合理的建议，让孩子参考，自己拿主意，不要被其他人的想法所影响，变得人云亦云。妈妈要让孩子体会到"拥有选择权"的快乐，慢慢就会变得有主见、独立起来的。

不过，当孩子太有主见时，妈妈也不能放任不管，要给孩子制定一些规矩，让他按照规矩来"办事"。

姜女士最近很疲惫，不为别的，就因为儿子太闹人，已经7岁了，还每天要听她讲过故事后再睡。更让她头疼的是，孩子以前是没有主见，连自己想听什么故事都不知道，后来，在自己的引导下，他体会到了自己做主的快乐，结果要求多了起来，不但睡前要听哪个故事他说了算，讲故事的时候姜女士是坐着还是躺着还是站着，都得他做主，还不能不满足他的要求，否则就不睡觉，来回折腾人。

"妈妈，到了十点时我想听睡美人的故事。"晚上，儿子早早地就爬上了床，等着妈妈来讲故事。

妈妈做好睡前准备后，准时来到了儿子的房间，拿出睡美人的故事书，开始讲起来。

妈妈改变1%，孩子改变100%

可才刚讲了一会儿，儿子就不高兴了，"妈妈，你怎么不伤心呢？睡美人那么可怜，我们应该替她难过。"

"好吧，妈妈很难过，可怜的睡美人。"姜女士配合着儿子的话，露出一副悲伤的表情，儿子这才满意了，示意姜女士继续讲下去。

半个多小时后，姜女士终于在儿子一个又一个"建议"下，把睡美人的故事讲完了。她披披儿子的被角，说道："晚安，儿子。"

"妈妈也晚安。"

但等姜女士走到房门口的时候，儿子突然坐起来，对姜女士说："妈妈，你再唱首歌再走吧。"

"不行，你要睡了。"

"就一首，好不好。"

"哎！"看着儿子期盼的眼神，姜女士不忍拒绝，只好点头答应了下来，"好吧，就唱首摇篮曲吧，唱完了你一定要乖乖睡觉，听到没？"

"嗯！"儿子很痛快地答应了下来，但当姜女士唱完歌后，儿子又提出一个要求，这样反反复复，总是会拖到很晚才能入睡。

姜女士为此感到痛苦，但又不知道怎么纠正孩子这一行为。

姜女士的苦恼是儿子太有主见了，不仅为自己制订好了这样或那样的计划，还要求妈妈也必须配合他的计划，这就让妈妈有些吃不消了。这种情况下，妈妈应该树立起自己的威严，为孩子制定一些规矩，要让孩子知道，在合理的范围内，他想做什么，妈妈会给他这个自由，但仅仅体现在孩子自己身上，如果将这种"权利"强加在他人身上，妈妈就会拒绝他的无理要求，不要让孩子将主见变成蛮横，这对孩子的成长十分不利。

第七章
聪明的妈妈
让孩子爱上学习

学习是孩子成长过程中十分重要的事情,然而现在很多妈妈只注重孩子的学习成绩,却忽略了孩子的学习过程。如果孩子长时间处在这样的学习氛围中,势必会影响孩子的学习热情,让孩子对学习产生不良情绪。所以,聪明的妈妈要时刻注意孩子对学习的态度,要学会引导孩子爱上学习,自觉地去学习。

如何让孩子不再厌学

现在的孩子学习压力越来越大,但很少有妈妈会体谅孩子的苦衷,只顾着紧逼孩子学习再学习,使得孩子开始讨厌上学,产生了厌学情绪。妈妈应该时刻关心孩子,及时发现孩子不对劲的地方,在孩子压力太大时疏导孩子,以避免孩子产生厌学情绪。

香蕊是名初三的备考生,学习压力太大,使她最近的情绪有些不太正常,经常无缘无故地烦躁不安,而且还认为自己太笨,自己都十分嫌弃自己。

这次模拟考试,香蕊的成绩又不太理想,一回到家里,她就把自己关在了房间里,把头闷在被子里,不停地想:我的脑子到底是怎么长的呢?是不是比别人少点东西啊?要是没有我这个人就好了。

然后又想到明天虽然是周末,但是还有一大堆的作业和补习班等着自己,她的头立马疼了起来,一股自我厌恶感充斥心中。

"小蕊,在想什么呢?菜都掉桌子上了。"吃饭的时候,香蕊妈捅了捅她,原来她想得太入神,竟然发起呆来,连正在吃饭都忘了。

"妈妈,你当初怎么会生下我来呢?"她没头没脑地说了这么一句,低下头往嘴里扒拉了一口饭。

妈妈一听,吓了一跳,赶紧问:"小蕊,你没事吧?是不是功课太累了?"

"没有。我吃饱了,回房间写作业去了。"香蕊说完就跑回了房

妈妈改变1%，孩子改变100%

间，妈妈坐在饭桌前，暗地里想：是不是孩子的学习压力太大了呢？她隐约觉得最近的香蕊情绪有些不太正常，而且学习成绩也不如以前了，这该如何是好呢？

又一个周末到了，香蕊吃完早饭后，就回屋去收拾补习要用的东西，这时候，妈妈走了进来，笑盈盈地对她说："小蕊，我刚才接到补习班的电话，说是今天代课老师有事请假了，就不用去上课了。"

"是吗？那我自己在家复习吧。"香蕊面无表情地说道。

"我看这样吧，今天你不要想学习的事情，和妈妈一起去植物园玩一天，怎么样？正好妈妈最近很想出去走走，可一个人太无聊了，就当陪妈妈吧，好吗？"

"可是……"香蕊看了看桌上的课本和作业，犹豫着。

妈妈连忙走过去把她的课本收了起来，拉着她就往衣柜走，"别磨蹭了，今天不想其他的事情，就好好玩，让自己放松放松。"

香蕊这才知道，妈妈是看自己不对劲，想让自己放松一下心情。明白过来后，她深吐一口气，抱住妈妈说道："妈妈，谢谢你，今天我就给自己放个假，痛快地玩一天！"

"就是，学生不能光学习，也得适当地休息休息，来，咱们选件漂亮的衣服去！"穿戴整齐后，母女俩亲密地相拥出了门。

当学习的方式只是简单重复的变化及任务过重时，就易引起学生的厌烦情绪。孩子往往出现分心，从而使学习效率下降，有的甚至导致逃学等行为。除了学习压力大，有时候孩子厌学还可能是因为基础知识不好，不能适应学校生活所致，妈妈要是不能理解孩子，不能给予适当的心理支持，孩子对学习会更加恐惧。

莱莱是个乖巧听话的女孩子，从小就很温顺，很少和大人吵闹，更不会无理取闹、乱和大人顶嘴。莱莱的学习成绩也一向很好，是个品学兼优的好学生，不管是在家里，还是在学校，都很讨人喜欢。

但是有一天，菜菜妈却接到了一个电话。电话是菜菜的班主任打来的，班主任对菜菜妈说："菜菜已经两天没来学校上课了，学校也没收到请假条，是不是家里出什么事了？"

"不会啊，她今天一大早就去上学了啊。"菜菜妈吓了一跳，孩子没上学那是去哪儿了？

"可是……她今天真的没来学校，昨天也是……"班主任在电话那头说，"所以我想和您联系一下，了解情况。"

"谢谢老师关心，我现在就去找菜菜，晚点再和您联系。"

"嗯，好的。那菜菜妈再见，有什么消息请及时和我联系。"

"好的。再见！"

挂断电话后，菜菜妈就赶紧给菜菜爸打电话，夫妻俩这叫一个急，赶紧向公司请假，分头去找菜菜了。

可找了大半天，夫妻俩连女儿的影儿也没看见，没办法，两个人只好拖着疲惫的身体回到了家。刚打开房门，就见客厅里，女儿正坐在沙发上看电视呢。

"菜菜？"菜菜妈喊道。

"妈妈你们怎么才回来啊，我放学回来都快饿死了，快做饭吃吧。"菜菜像没事人儿一样，坐在沙发上继续看电视。

"你今天真去学校了？"菜菜爸问。

菜菜犹豫了一下，睁着无辜的大眼睛，认真地点点头，说道："当然啊，今天老师留了很多作业。赶紧做饭吧，我饿得都快写不动了。"

"是吗？"妈妈不动声色地走了过去，疲惫地仰坐在沙发上，轻声说，

"今天你们班主任给我打电话了。"

"是，是吗？"菜菜有些心虚地低下了头，不敢抬头看妈妈

的脸。

"能告诉我，为什么逃学和撒谎吗？"妈妈心平气和地问道。因为菜菜平时的表现很好，所以她觉得这其中一定有什么误会。

但一向乖巧的女儿却突然跳了起来，闭着眼睛大声吼道："不就是两天没去上课嘛！我喜欢，我乐意，你们管不着！"吼完后，就哭着跑回了自己房间，还呼的一声摔上了门。

"这……女儿这是怎么了？"爸爸妈妈你看看我，我看看你，完全搞不明白状况了。

"我，我说了你不要生气好不好？"过了一会儿，菜菜突然情绪低落，低着头又从房间里走了出来，但目光始终不敢看向妈妈。

妈妈摸摸她的头，说："好孩子，不管是什么原因，只要你肯向妈妈解释，妈妈都会试着体谅你的，但是你什么也不说，妈妈肯定会觉得很伤心、很难过，就会生气啊。"

"最近老师讲课越来越难了，有很多明明我上课的时候听懂了，但一下课就会忘记，所以，我觉得我很笨，肯定不是上学的料。"

妈妈这才知道女儿在学习上遇到了挫折，因此才出现了厌学情绪。

"你连逃学都不怕，怎么还会害怕自己记不住课堂内容呢？妈妈不会因为你成绩下降而批评你，但是你遇到了挫折却没有想到先和妈妈商量一下，妈妈觉得很伤心。如果你早一点和妈妈商量的话，妈妈肯定会帮你一起想办法解决的，而不会出现现在的局面，你觉得呢？"

"嗯。"菜菜哭着点点头，"以后我再也不会逃学了，有什么问题，肯定会和妈妈一起商量的。"

第二天，菜菜乖乖地去了学校，从那以后，也再也没有逃过课，倒是和妈妈的关系又拉近了一步，每次遇到困难，都会去找妈妈讨论一番。

从心理学角度讲，孩子逃学厌学是一种典型的心理疲倦反应。是指学生消极对待学习活动的行为反应模式，主要表现为学生对学习认识存在偏差，情感上消极对待学习，行为上主动远离学习。现在的孩子几乎都是独生子女，是父母的宠儿，因此很多学生坚持性差，意志薄弱。一旦碰到困难便打退堂鼓，害怕去学、去动脑筋，长期下去，便产生厌学情绪。因此，当孩子出现厌学、逃学等情况时，妈妈一定要先听孩子讲逃学的原因。在倾听的过程中，妈妈不能大发雷霆，而是要站在孩子的立场上，理解孩子内心的感受，让孩子感受到妈妈其实是关心他的、是爱护他的、是理解他的。多数逃学的孩子的情况相对单纯，他们选择逃避，仅仅是因为不适应、不舒服，逃避就是他们的终极目标，这样的孩子在经过细心教导后，多数都能选择重返校园。

聪明的妈妈有效安排孩子的学习计划

每位妈妈都希望自己的孩子学习成绩好，但很多孩子总是对学习提不起劲儿，于是有的妈妈会对自己的孩子非常严格，希望在严格的管教下，孩子能提高学习成绩。其实这种教育方法只会起到反作用，让孩子越来越不爱学习。很多时候，也不是孩子不爱学习，而是没有完善的学习计划，不知道如何下手去学。

王选学习一向没有计划，成绩自然不太好。为此，妈妈很担心，想了很多方法帮他改正错误，可惜效果都不明显。

一次，妈妈向朋友诉说："我儿子学习根本没计划，成绩总是不见进步，愁死我了。"

朋友说："我的女儿之前也是一样的，后来就改掉了。"

"是吗？你用了什么方法？"王选妈妈兴奋地问。

"你还记得我上学的时候有什么习惯吗？"朋友笑着问。

王选妈妈想了想，说："哦，记起来了，你有好多小笔记本，专门用来记录自己各种计划的。"

"对，学习的计划、生活的计划、工作的计划，我都有，这个习惯我现在还在坚持。"朋友得意地说。

"可是这和你的女儿有什么关系？"王选妈妈问。

"当然有了，有一次，我女儿不小心看到了我的这些笔记本，觉得很好玩，于是就模仿我，开始给自己写各种小计划，后来这种方法便用在了学习上，所以成绩一直不错。"

"你的意思是让我也开始写生活和工作计划吗？"王选妈妈问。

"当然不是，我是让你帮助孩子形成这种随时计划的习惯，不过，你也可以做个榜样。"朋友笑道。

"嗯，他要学习，我也得跟着写计划，真是烦人！"王选妈妈发愁道。

"你看看，你这个当妈妈的都是个没有计划习惯的人，孩子怎么能学好呢！"朋友嘲笑道。

想要提高孩子的学习成绩，制订学习计划是一个较为可行的办法。但是，孩子天生爱玩，做事常常三分钟热度，如果没有妈妈帮助他们确立明确的目标、制订合理的计划，孩子的学习成绩很难有所提高。妈妈要知道，一个具体可行的计划能够让孩子消除迷茫、提高学习效率，而且可以让孩子在一个阶段结束后通过实际和计划之间的差别扬长避短，从而不断进步，并养成良好的学习习惯。不过，妈妈也不能帮孩子制订过于详细的计划，要让孩子自觉地做自己的计划安排，自觉地去学习。

在一个小城镇里,一位少年正在埋头学习。

这时,他的一位邻居看到了只知道读书的少年,便笑道:"假若再让我回到你这个年纪,我干的事就大不一样了!"

这句话深深触动了少年的心灵。

他想了想,拿出日记本,在上面写道:"我的终生计划"。

之后几天,少年把自己能想到的计划和梦想全都记在了日记本上,他决定,有生之年,一定要完成这些计划。

在计划中,有要去旅游的,也有关于阅读目标的,甚至还提到了登上月球等。少年写完后数了数,竟然有一百三四十条计划。

为了实现这些计划,少年在他的日记本上还列出了周计划和月计划。

从那以后,他开始做各种准备,每周都要量体重,锻炼身体,先从小计划入手,每天阅读十页书,然后在附近的风景区旅游,再慢慢地学着写日记,年龄大后,开始去较远的地区旅游。

每完成一项计划,他就会在日记上画个勾,直到他七十多岁时,他已经完成了计划中的近一百项。

由此可见,只有通过自己自觉的安排,孩子才能对学习计划用心,才能好好地学习。在教孩子作学习计划的时候,妈妈要提醒孩子先了解自己的学习内容,然后根据实际需要制订相应的学习计划,什么内容是主要的、次要的,什么内容要细看、粗看等,有了计划之后,学习起来就不会盲目了。除了学习,妈妈还要告诉孩子,做其他事情的时候,也要有个计划,这样才不会手忙脚乱,一事无成。

两个和尚住在相邻的两座山的两座庙里,这两座山之间有一条溪,这两个和尚每天都在同一时间下山挑水,渐渐地,他们便成了好朋友。

突然有一天，左边这座山的和尚没有下山挑水，右边那座山的和尚心想：他大概睡过头了。便不以为意。

可是第二天，左边这座山的和尚仍然没去挑水。第三天也没有……过了一个星期，仍然没有。

一个月后，右边那座山的和尚终于坐不住了，他疑虑地想："我的朋友可能得病了，我该去拜访他，看看能为他做些什么。"

于是他便爬上了左边那座山，去找他的老朋友。可是等他到达左边这座山的庙里时却大吃一惊，因为他的老友正在庙前打太极拳，一点也不像是病了或是一个月没喝水的人。

于是，他好奇地问："你怎么一个月都不下山挑水了？发生什么事情了吗？"

左边这座山的和尚笑着说："走吧，我带你去看看。"

他们走到庙的后院。左边那座山的和尚指着一口井说："在过去的几年里，我每天做完功课后，都会抽空挖这口井。有时间就多挖一点，没时间就少挖一些。一个月前，终于挖出了井水，我再也不用下山挑水了。"

不光是学习，在做任何事之前，妈妈都要教育孩子要做出一番计划，刚制订计划时孩子难免会有不完善、不合理的情况出现，这时候妈妈就要帮忙了。妈妈可以先让孩子结合自身的情况制订一份学习计划，然后妈妈再对其不合理的地方进行指正，让孩子不断地对计划进行完善。制订好学习计划表以后，妈妈还要随时督促、辅导，让计划表真正起作用。如果孩子按时完成了计划，并且实现了目标，妈妈应给予适当的奖励，这样可以激励孩子不断地进步，取得更好的成绩。除了有计划之外，妈妈还要让孩子懂得管理自己的学习时间，还要注意让孩子学会提高课堂效率，多和孩子一起讨论这样学习的好处，以提高孩子的学习兴趣，促使他逐渐提高学习效率。

课前预习和课后温习的重要性

现在的生活中充满着诱惑，让孩子一出校门就忘记了学习这件事，很多妈妈都为此烦恼，面对孩子上课前不预习，下课后不温习，每天只知道看电视、玩游戏的情形，不知道该如何是好。

李梅虽然学习成绩不错，但学习总是不自觉，虽然每次回家都会把作业先写完，但作业就像她的任务一样，只要写完了，当天就再也不会看书本一眼。

这一天也是，当李梅放学回到家后，她把书包一扔，就坐在沙发上看起电视来。

妈妈问她作业做完没，她说："我在学校就已经把作业做完了。"

"那你就去预习一下明天要讲的内容，别总是一回来就看电视。"

谁知道李梅却不乐意了，她说："预习功课？妈妈，我已经念了一天的书了，再读下去，会累坏的。再说，我学习这么好，还用预习吗？"

"你现在学习成绩不错，但如果其他同学都预习功课，只有你不预习，慢慢地不就被其他人超过了吗？"妈妈问。

李梅说不过妈妈，只好关了电视去预习功课，但她只是草草地看

妈妈改变1%，孩子改变100%

了一眼就不看了，妈妈发现后，对她说："你这样看有什么用？预习功课也要认真，就像听老师讲课一样，你也要用心，这样才能把知识点看懂，把课本里的内容看明白。"

妈妈说着，又把预习的好处讲给她听。

李梅只好静下心来看了会儿明天要学的内容，没想到第二天，她还真地回答出了老师提出的一个新问题，受到表扬后的李梅开心地笑了起来，回家后不用妈妈提醒，就自己去预习第二天的功课了。

有研究表明，孩子在课堂上的注意力是呈曲线变化的，中间20分钟是孩子思维最活跃的时间段，之前和之后的时间则很难把注意力全部集中在听讲上。而预习则能很好地弥补这一缺陷，让孩子提早知道自己哪些知识不明白，在听讲的时候有选择、有目的地重点听讲。因此，妈妈应在家庭中就培养孩子的自学能力和独立思考能力，鼓励孩子课前要预习、课后要温习。如果孩子实在不听，妈妈也可以利用一些名人故事，让孩子认识到预习和复习的好处，自觉地开始预习、复习。

陈景润从小就好学，而且也会学，学习成绩一直很好。上中学的时候，一次他去理发店剪头发，可是理发店的人很多，他刚到的时候就排到了20号，至少还要等上一个小时。他觉得就这样干等着实在是浪费时间，就从书包里拿出课本，准备预习明天课上要讲的内容。

旁边一个等着理发的大人看见了就问他："这里这么吵怎么能学好呢？"

陈景润根本就没有听见他说话，一直埋着头专心地学习，手里还拿着笔不停地做记号，嘴里念叨着："这个地方我不太懂，明天要认真听。"

那个大人见他如此专心就没再打扰他，回过头对旁边正在大声说话的客人说："这个孩子正在学习呢，咱们说话轻声些。"大家都很配合，果然把声音放低了。

陈景润学得很认真，并没有注意到周围的变化，当他发现明天数学课上要学的内容和上一册书的知识有关联时，他大声地说了一句："糟糕，这个知识点我已经忘记了！"

等着理发的客人听了都笑起来，看他到底要做什么。只见他把课本装进书包里，然后背着书包就走了，大家都说："这个孩子真是学傻了！"

陈景润一路小跑着回到学校的图书馆，找到上一册的数学书，然后随便找了个座位坐下来开始学习。解决了预习的问题后，他刚准备离开，突然想起来历史课结束后他还没有来得及整理知识点，于是又拿出历史课本和笔记本开始写总结。就在他全身心投入复习历史知识时，理发店的老板正扯着嗓子喊："20号，谁是20号？"理发店里的人东张西望的，没有人回答，老板只好叫道："21号！"

等到复习结束后，陈景润总算松了一口气，他一摸自己的头发，突然觉得自己忘记了什么事情，但是又实在想不起来，于是就背着书包回家了。

在学习的过程中，预习和复习是不可缺少的两个环节。预习并不是简单地看看将要学习的内容，而是要进行认真的自学。妈妈在指导孩子预习的时候，要让孩子把新知识和旧知识联系起来，既能复习以前的内容，也可以对新知识进行融会贯通，让新知识在自己的头脑中形成一个相对完整的体系，这样掌握起来才会更扎实。当然，并不是所有孩子都能掌握预习功课的方法，妈妈在要求孩子预习功课以前，应该把预习的方法传授给孩子，了解孩子的预习习惯，有针对性地进行辅导，根据孩子的不足之处对孩子进行指导和督促。

妈妈在教孩子学习新知识的同时，也不能忘记帮助孩子巩固旧的知识。俗话说，"好记性不如烂笔头"，妈妈应让孩子学会记笔记。好的笔记有利于孩子减轻学习负担,为孩子在课后提供复习资料,但如果孩子抓不住重点,盲目地记笔记,反而会影响孩子的学习效果。因此,如何教会孩子记笔记,就是妈妈应该做的事情了。

妈妈要告诉孩子,记笔记前要做好准备工作,笔记本和笔都要提前准备好。妈妈还要为孩子选几根水彩笔,需要重点记忆,或者是孩子弄不明白的地方,可以用不同颜色的笔来区分开,这样有助于提升孩子的学习和复习效率。让孩子在记笔记时根据老师划分的重点、难点来记,要边听讲、边书写,不能埋头苦写,到头来老师讲了些什么,却茫然无知了。

珍惜时间,提高孩子的学习效率

孩子做事磨蹭、没有效率是很多妈妈都苦恼的事情,这样的孩子往往将一小时能完成的作业拖成三四个小时才勉强搞定。孩子之所以出现这种情况,主要原因是年龄小,自记事开始在家里无论是学习也好玩耍也好,都没有很强的时间、效率观念所造成的。

刘文菁是个10岁的女生,今年刚上四年级。以前每次听到同事抱怨自己的孩子有"多动症",总是毛毛躁躁静不下来时,刘文菁的妈妈都会庆幸自己的女儿不急不躁、沉稳安静,让他们两口子少操了很多心。

可是四年级的作业量陡然加大,以前轻轻松松就能解决的家庭作业,现在不到晚上十点都做不完。孩子还是长身体的时候呢,睡眠时间都保证不了的话,怎么能健康成长呢?

妈妈问了问刘文菁的同班同学,知道人家每天8点钟就能洗澡睡觉了。她意识到自己的女儿虽然细心，但学习效率太低了，这样参加考试的话会很吃亏的。

于是刘文菁每天放学回来，妈妈就陪着刘文菁写作业。看着孩子认真、细致地一道题接一道题地慢慢地计算，不知不觉一个小时就过去了，数学还没有写完呢。刘文菁妈妈发现女儿虽然没有一边写作业一边玩，但是她做一道加减乘除混合运算的题竟然用十分钟的时间，也太慢了点。

吃过晚饭背诵课文吧，一篇在妈妈眼中很短的文章，刘文菁用了半个小时还没有背下来。你看着她在那儿一遍又一遍地朗读，读完之后还闭上眼睛回忆课文内容，那么认真让人不忍心催她快一点。可是还有英语和科学需要预习呢，什么时候孩子才能洗澡睡觉呢？

刘文菁的妈妈由孩子写作业慢推及到做其他事情，很沮丧地发现自己的孩子无论做什么事情都没有考虑过"效率"这个词。她总是按照自己的方式做事，虽然做得很好，但时间比别人多用了一倍还不止。

由此可见，"效率教育"对孩子来说是多么重要的事情。在培养孩子的做事效率时，妈妈可以先从孩子喜欢的课程入手，给孩子一个安静的学习环境，然后让孩子尝试集中精力学习，一般在自己喜欢的课程方面，孩子的精力比较容易集中，持续的时间也比较长。

在教孩子学会集中精力后，妈妈就可以和孩子一起制订一个切实可行的日常时间管理表，每天的主要安排、大致花费的时间都写好，当孩子能按照时间表完成学习任务时，就会得到表扬，当孩子的效率进一步提高时，可以得到更重的奖励，让他体会到成绩、玩乐两不误带来的好处。

小菲是一名初中生，在第一次期中考试的时候她还没有写完题目就到了交卷时间，可想而知，这一次的成绩很不理想。好强的小菲回

妈妈改变1%，孩子改变100%

家后就忍不住哭了起来，"妈妈，剩下的题目我会做的，可是没有时间了……"

妈妈很心疼女儿，向一位资深的老师请教之后，才知道，这是女儿学习和做事的效率太低导致的。

于是，妈妈就和小菲一起制订了一个时间表，把每天必须做的事情都写了下来，除了必须要在规定时间内写完作业，还规定了一个比赛规则。

在同一时间，娘儿俩同时做一件事，妈妈也会陪着女儿一起做功课，写作业，谁在规定时间内先完成该做的事情，谁就能得一分，每累积十分就可以满足对方一个要求。但是如果没有在规定时间内完成的话，就要被扣掉一分，扣完分的一方就要接受惩罚，帮家里打扫卫生。

小菲在这个既有奖励又有惩罚的方案推动下，明显加快了学习效率，第二次考试时，不仅在规定时间内做完了所有题，还有多余的时间把卷面检查了一遍。

这一次，小菲果然获得了很好的成绩，她感激地亲了妈妈一口，说："以后我还要按照这个时间表来学习。"

因为大多数孩子都没有时间观念，一玩起来就会忘乎所以，至于学习的事情早忘到九霄云外去了。而且孩子本就不善于管理自己的事情，做事比较随性，最后自然会耽误学习了。因此，为了培养孩子良好的时间观念和做事习惯，妈妈应及早动手，积极采取措施，帮助孩子改掉这些不良的习性。

开学第一天，老师教给全班的小朋友一句话，叫作："一寸光阴一寸金，寸金难买寸光阴。"

王贝贝不明白这句话是什么意思，回家就问妈妈。

妈妈告诉王贝贝，"老师的意思是说好孩子要学会珍惜时间，拥有良好的时间观念。"

"那妈妈，您说我是好孩子吗？"王贝贝睁着大眼睛问妈妈。

"是啊！王贝贝知道早睡早起，还知道每天只看半个小时的动画片，这都是有时间观念的表现。但是这样还不够，王贝贝还能做得更好。"

"妈妈，快告诉我，我要做人人喜爱的好孩子。"

"你以后穿衣服、吃饭都不能再磨磨蹭蹭了，不能总在这些简单的事情上浪费时间……"妈妈认真地说。

让孩子珍惜时间，合理安排自己的事情，都离不开一件事情：让他先明白时间的重要性。不过，有的时候妈妈仅靠讲故事和几句道理还是不够的，要想达到理想的教育效果，还要采取一些特别的措施，比如让男孩子参加少年军校，进行篮球、乒乓球等限时性的运动，让女孩子参加照顾"病人"、学做饭等时间性要求比较强的活动，在实际情形中，让他们明白无论什么事情都是有一定时间要求的，要想做好，就要对时间加以重视。

教孩子学会学以致用

现在很多孩子都不了解"学以致用"这一点，做事和学习经常人云亦云，让妈妈感到十分苦恼。

已经读初一的曹大伟放学回家，走到小区大门口的时候，发现

妈妈改变1%，孩子改变100%

一位物业的叔叔和一位外国人正在比画什么。两个人语言不通，都明白不了对方的意思，十分焦急。老外也很有意思，看到曹大伟戴着眼镜就以为这位同学一定能帮忙，就冲着他很有礼貌地说："Can you speak English？"

曹大伟一愣，学了这么多年英语了，出于本能，这句话他还是会回答的。他很自然地回答："Yes，I Can!"物业的叔叔看到他点头，老外听到他的回答都松了口气，终于有明白人来了。物业叔叔就告诉曹大伟："同学，你告诉这位先生，他住在我们小区，该交物业费了。"

曹大伟傻了，心想：我可没有学过物业费怎么翻译啊。我们只学习什么苹果、橘子、熊猫、老虎这样的名词和一些最基本的打招呼这样的日常用语，这么实用的物业费三个字还真是不知道。

老外和物业叔叔一脸期待地等着曹大伟说话，他憋了半天，说了一句："I am sorry!"就"落荒而逃"了。

大伟狼狈地回到家，向妈妈说了自己尴尬的遭遇。妈妈听了，深思了一会说："你从小学一年级就开始学英语，到现在已经6年多了。这是第一次真正与外国人对话的机会，刚一句话你就撑不住了。看来你的口语想要学以致用需要更多地与人面对面交流啊！这样吧，从这个学期开始，我有时间就带你到公园去找外国游客，让你自己去交流。只有意识到自己的不足，才能有进步。"

曹大伟遇到的尴尬事儿不是个例，而是带有普遍性的问题：如何能够学以致用是我们孩子面临的一个大问题。这其中既有孩子重"学"不善于"用"的原因，也有父母和老师在这方面也不甚注意的原因。试想，我们妈妈都不希望自己的孩子以后也出现这样的情况吧？那么，我们就从现在开始着手培养孩子的学以致用的精神吧！

古登堡出身于铸币工人家庭，他从小就学会了金属铸造的手艺，为其以后从事印刷工作打下了基础。

在1434年和1444年间，古登堡就开始了对活字印刷的探索。起初，他用的是较大的木活字，但排版印刷很不方便，而用木板刻成较小的字模，强度又跟不上，最终他想到了金属制版。当时所用的材料主要为铅锡合金，在其中加入一定量的锑以提高活字强度。古登堡的功绩之一就在于他最终确定了三种金属的比例搭配。

在解决了刻版的问题之后，接下来就是印制设备的问题，在克服这个难题的过程中，古登堡从当时压榨葡萄汁的立式压榨机中受到启发。最终，他将一台木制的压榨机改装成第一台印刷机，并且开始了试印。

他先将活字字块排好，然后将其固定在印刷机的底部座台上，再用羊毛制的软毡蘸墨刷在字版上，下边铺上纸张，向下拉动铁制螺旋杆，压印板便在纸上印出字迹，最后向上摇动拉杆，抽出纸张，便宣告完成。

就在第一次试印过程之中，另一个难题摆到了古登堡面前。当时他用的还是传统的水性墨，水性墨自身粘附性差，用在雕版印刷中尚可，而在活字印刷中印出的字迹时浓时淡很不均匀。若是采用黏稠度较高的油性墨，效果或许会好一些，想到此，古登堡开始试制油性墨。经过反复试验，他发现将松节油精(蒸馏松树脂后得到的东西)与炭黑混合，再加入煮沸的亚麻油中形成的墨质量较好，而且这种墨印出的字迹呈暗黑色，非常适合大量印刷。至此，一整套的活字印刷技术便宣告完成。

让孩子能从实践中学习，首先就是要让他在思想上能提高认识，然后才会有正确的行动。这时，妈妈可以将"处处留心皆学问"这句名言作为座右铭送给孩子，并举出生活中的各种事例，告诉孩子"其实只要你留心

妈妈改变1%，孩子改变100%

了，在什么地方都能学到知识"，比如，从日常的天气变化中学习自然知识，从人际交往学到语言的组织和表达，从一日三餐的饮食中学到营养学的知识等，这样一来，孩子的眼界就会开阔许多，学习起来也就会感到更加有趣了。

了解了学以致用的众多好处，妈妈就可以在孩子完成作业后，鼓励他放下课本，多把在课本中学到的知识用在生活中，多参与到生活中去，把眼光放宽、放大，对身边的生活多观察、多了解、多提问，然后多主动寻找答案，必要时，还可以根据孩子的要求，带他去动物园、科技馆、博物馆等地方，在游玩中学习到新的知识。

王丽丽是一名土生土长的南方女孩，今年10岁了。她在语文课上学了几篇课文，描写的都是北京的风景。长城、故宫、天坛这些名胜古迹在老师的描述中"雄奇壮丽"，让见惯了秀美水乡的王丽丽心生向往。十一黄金周，王丽丽和妈妈跟着旅行团来到了北京。

她跟着妈妈在故宫的高墙之间穿行，体会到了什么叫"皇家气象"、什么是"肃穆庄严"，什么是"劳动人民智慧的结晶"。登上长城，她体会到了"不到长城非好汉"的气魄，还联想到了历史书上老师讲过的修长城是为了抵抗北方少数民族的入侵以及奶奶讲过的孟姜女哭长城的传奇故事。兴奋新奇之余，她对这些伟大建筑是如何建起来的分外感兴趣，在每一处地方，她都观察得很仔细，也很用心地向工作人员咨询，学到很多建筑知识，还知道了不少古代历史和文化知识。

回程途中，王丽丽兴奋地告诉妈妈，这次北京之行让她加深了对课文的理解，也让她对祖国的悠久历史、灿烂文化产生了兴趣。妈妈很高兴，这一次跟团旅游没有白来。

王丽丽的妈妈在孩子有了一定的知识基础后，根据她的要求去北京游览，在游览中学习新知识，更明显地将课本知识和课外知识有机结合，这让孩子学得更扎实、更全面。

第八章
妈妈会理财，孩子的"财商"才会高

在孩子的成长过程中，理财教育也是不可或缺的，而且是越早进行越好，这就需要妈妈在教育孩子的时候多下苦心。不过，很多妈妈一听到理财或财商教育，就感觉十分高深莫测，不知如何是好。其实，这种担心是完全没必要的，只要妈妈把一些金钱方面的常识教给孩子，就能引导孩子树立正确的金钱观和价值观。

培养孩子的"节俭"意识

勤俭节约是中华民族的传统美德。可是如今,许多孩子打小过着衣来伸手、饭来张口的生活,花钱也是大手大脚、不计其数,完全没有勤俭节约的概念,孩子的这种浪费行为折射出的正是妈妈节约意识的弱化和节约教育的缺失。

"妈,给我点钱,我要买书。"黄明明背着书包进了妈妈的房间。

"多少钱?"妈妈一边问一边打开自己的钱包。

"嗯……二十。"黄明明想了想说。

"你要买什么书啊?回头妈妈给你买吧!"妈妈看了看钱包里只有一张五块和两张一百。

"那也行!"黄明明说,"那你给我点零钱买东西吃吧!"

"你不是有钱吗?过年的压岁钱你可都没给我。"妈妈突然想起来。

"我都花了。"黄明明笑着说,"妈,你快给我吧!我上学要迟到了。"

"那么多钱你怎么花的?好几百呢!"

"哎呀,好妈妈,你就别管了,我的压岁钱,当然是由我支配了。再说,我知道咱家有钱,您不让我花让谁花呀?"

"你这孩子,咱家有钱也是辛苦挣得又不是刮风刮来的?"妈妈假装严肃地说。

"不管怎么着，反正有钱。你快给我钱吧，要不然真迟到了。"黄明明跺了跺脚说。

"真拿你没办法。给！"妈妈把那一张5元递给了黄明明。

"就5块钱，妈您打发要饭的呀？"黄明明一看是五元钱立即拉下了脸。

"不爱要拿来！我还跟你说，碰到要饭的我通常只给1块。"妈妈生气地说。

"行了行了，5块就5块吧！我上学去了。"黄明明拿着那5元钱吹着口哨走出了家门。

很多妈妈认为，孩子有钱才能"视金钱如粪土"，将来不受金钱的诱惑，于是对于孩子的需求他们从来都不吝啬。可是这样一味用钱来满足孩子，免不了会养成孩子花钱如流水、不懂得勤俭节约的性格。其实，勤俭节约并不只是为了省钱，而是为了培养孩子一种良好的生活习惯。

勤俭节约是一种习惯、一种文明，教孩子养成勤俭节约的习惯，既能锻炼孩子自己合理支配财物的能力，又能培养孩子独立生存的本领。俗话说，"节约好比燕衔泥，浪费好比河决堤"，没有勤俭节约的习惯，即使再富裕的家庭也终有被耗尽的一天。教孩子从内心树立起勤俭节约的意识，无论是对孩子的成长还是步入社会后的生存都大有裨益。

性格活泼的女孩悠悠好奇心和模仿能力都比较强，而且时常和别的小朋友攀比，别人有的东西她也一定要有。妈妈虽然很疼悠悠，但有时也会觉得她无理取闹。遇到这种情况，妈妈会给她讲道理，可结果往往是行不通的。

后来，妈妈通过咨询儿童教育专家，发现可以用转移注意力的方式让悠悠减少攀比，同时学会合理利用金钱。

一次，悠悠的几个同学都说他们最近常去吃"麦当劳"，特别好吃，听得悠悠直咽口水。那天回家后，悠悠就嚷着要妈妈带她去吃"麦当劳"。可是妈妈已经做好了饭，而且邀请了两位朋友来家里吃饭。不过，她知道悠悠脾气倔，这个时候给她讲道理是行不通的。于是，她想了想说："悠悠，妈妈昨天给你买了一本很好看的漫画书，妈妈陪你一起看好吗？看完我们再吃饭。"

"好。"悠悠也比较喜欢看漫画书，所以就点头答应了。但看着看着，她就入了迷，忘了还要吃"麦当劳"的事。半个多小时后，妈妈叫她吃饭，她很快就跑过来，还说要赶快吃完写作业，写完后还想再看看漫画书。

后来，妈妈在陪悠悠看漫画时，还引导性地问："宝贝，是不是觉得看漫画比吃麦当劳更开心呢？"

"是呀，妈妈，这本漫画书真的很好看！而且，今天妈妈做的饭也特别好吃，麦当劳那么贵，我现在已经不想吃了。"悠悠说。

"宝贝真乖。其实，我们不花钱也能得到许多乐趣的，你说是不是？" 妈妈笑了笑，继续说："以后，我们就多存一些钱，给你买更多漫画书、买好的学习用品，或者我们一起出去郊游，好不好？"妈妈笑着问。

悠悠听后拍手叫好。从那以后，她开始节俭，不再那么喜欢和别人攀比，平时也不会随便跟爸妈要零花钱，还说自己少花点钱一样能生活得很快乐。

妈妈要想让孩子养成勤俭节约的好习惯，一定要注意教育的方式方法。一般来说，孩子都喜爱模仿，对孩子来说榜样的力量是无穷的。为孩子树立勤俭节约的好榜样，可以有效地改善孩子不懂得节约或者喜欢浪费的情况。这个榜样可以是名人，也可以是妈妈自身，比如，妈妈在平时生活中以身作则，做到随手关灯、缝补衣服、鞋袜等，给孩子树立起全方位的好榜样。

为了让孩子学会节俭,妈妈还可以给孩子买一个漂亮的储蓄罐,可以引导孩子把多余的钱存起来,让孩子体会积少成多的道理,妈妈还可以为孩子设立储蓄目标,引导孩子把钱花在更加有意义的地方。为了让孩子更好地理解"浪费可耻"这句话,妈妈可以带孩子到贫困的地方走一走,或者让孩子看一些记载贫困地区生活的纪录片,让孩子知道资源有限,不是每个人都可以像自己这样丰衣足食,从而教育孩子勤俭节约,或者把不用的东西捐给贫困地区,这样不仅可以培养孩子的节约意识,还可以增强孩子的爱心。

不过,培养孩子勤俭节约的品质也要有度。比如,饭菜一旦坏了一定要倒掉,不能再吃,否则就会生病,让孩子知道勤俭节约也要有度。

让孩子有点打工体验

如今的家庭大多生活富裕,孩子也不愁吃穿,无法体会贫穷的滋味,这样的生活环境再加上妈妈的宠爱,就养成了他们花钱大手大脚,不懂得节省的习惯。然而,现实生活是残酷的,妈妈应该从小就让孩子体会到挣钱的辛苦,让孩子有点打工体验。

暑假的时候,盼盼整天无所事事,每天不是吃就是睡,要不然就是和妈妈要钱出去玩。

妈妈问他要那么多钱干什么,盼盼说:"反正你们挣钱不就是为了给我花么,我早花晚花都一样。"

"这怎么会一样?"妈妈觉得儿子这个想法很不好,于是就建议："要不然你以后帮家里做些家务活，作为奖励，妈妈给你点零用钱怎么样？"

盼盼听后有些不高兴，但见妈妈坚持，只好照做了。这之后，每次儿子做了点活就会伸手向妈妈要钱花，就连洗个水杯也算"家务活"。

邻居家的小女孩雯雯来家里玩，见到他向妈妈要"工钱"后就取笑道："帮助妈妈干活是孩子应该做的事情，你怎么能像工人一样向妈妈要钱呢？"

盼盼妈妈没想到雯雯能说出这番话来，也开始后悔自己当初的建议，于是他问："那你平时都是怎么和妈妈要零花钱的？"

"我出去打工自己挣钱花。"雯雯自豪地说。

原来，雯雯的妈妈为了培养孩子的独立性，一直很支持雯雯走出家门打工的举动，只不过每次的工作都很"特殊"，不是让她去熟识的阿姨家整理书籍，就是帮商店的叔叔卖几份报纸，虽然看起来挺轻松，但对孩子来说，已经是一件颇辛苦的"工作"了。

雯雯做得很开心，她说："自己挣的钱，花着才舒坦。"

鼓励孩子走出家门体验是一件很有意义的事情，不仅能让孩子体会到妈妈挣钱的辛苦，还能锻炼孩子的意志力和独立生活的能力。因此，妈妈应该"狠一点"，从小就应把孩子"推"出家门，为他找份"工作"。当然，这份所谓的"工作"，妈妈一定要为孩子把关，可以找熟识的朋友或亲戚来帮忙，只要一开始能让孩子体会到"工作"的含义，让他不再大手大脚花钱就行了。

钱佳佳是个勤快的孩子，经常帮妈妈做一些力所能及的家务活，妈妈为了表彰她的行为，就对她说："作为鼓励，妈妈给你点零花钱好了。"

"谢谢妈妈。"头几次，钱佳佳都感激地收下了妈妈给的零花钱，不过慢慢的，她就高兴不起来了，噘着嘴对妈妈说："老师说，帮助妈妈干活是孩子应该做的事情，妈妈总给我钱，就好像我是寄养在咱们家的工人一样。妈妈以后还是不要给我零花钱了。"

　　妈妈没想到女儿能说出这番话来，高兴地把她抱起来又玩"举高游戏"，逗得钱佳佳哈哈大笑。玩累了之后，妈妈突然说："要不然，钱佳佳你出去找份工作怎么样？"

　　"妈妈，我还是小学生啊。"钱佳佳吓了一跳，赶紧跑过去搂住妈妈的脖子小声说："妈妈，妈妈变成我后妈了。"

　　"别胡说。"妈妈弹了下她的脑门，然后认真地说道，"妈妈的意思是，让你走出家门，去帮别人做一些事情，试着自己挣零花钱，这不是很好的'工作'吗？"

　　"原来是这样啊。"钱佳佳夸张地松了口气，不过接下来，她又苦恼地说道，"可是我还是个小孩子，没人愿意请我吧。"

　　"我们可以找熟人帮忙啊。比如说你李阿姨不是自己开了个泥塑工作室吗？我们可以去问问她要不要请你当杂工。"

　　"我最喜欢李阿姨做的泥娃娃了，去她那里帮忙，一定十分有趣。"钱佳佳拍着手从妈妈身上跳下来，像只小燕子一样，飞快地奔出了家门，边跑边说："我现在就去请李阿姨雇佣我当帮手。"

　　在家帮妈妈做些力所能及的家务活来赚钱，这和成年人打工的意义是不太一样的。所以，为了能让孩子更好地体会到"工作"的含义，并教会孩子在生活中主动发现一些"商机"，让孩子走出家门，去找一份工作，打一份工，显得尤其重要。

　　有一位这样的美国妈妈，她不仅鼓励自己的儿子在学习之余外出打工，更为了表扬和肯定儿子的这种行为，对他说："儿子，你每挣到1美元，我都会赠送你同等的金钱，存在你的个人账户上，当你长大成人后，我就会结束它。"

儿子觉得这真是天上掉下了大馅饼，为了能得到妈妈更多的奖励，儿子很卖力地打工，自己赚的那份工钱，一部分也存起来，一部分则花在购买学习用品上。当儿子终于从学校毕业的时候，儿子的账户上已经有1万多美元了。这对于刚刚踏入社会的孩子来说，是很大的一笔财富。

同时，因为儿子有着丰富的工作经验，所以毕业之后很轻松地就找到了一份不错的工作，工作能力也得到了充分的认可。

另外，很多时候，孩子花钱大手大脚，不懂得节约，很重要的一个原因就是妈妈缺少对孩子的理财教育。日常生活中，妈妈可以和孩子订立一份"合约"，在这个合约中不仅要写明妈妈每月会给孩子多少零用钱，还要标明这些零花钱哪些要用于购买书籍、文具等学习用品，哪些要用于支付生活费用，哪些钱是可以自由支配的。如果孩子按照"合同"的说明来做，妈妈可以对孩子进行一定的奖励，如果发现孩子透支，妈妈就可以对其进行适当的惩罚。这样，孩子慢慢就会养成节约的好习惯，金钱意识也会增强很多。

让孩子合理使用零用钱

现在的小孩子在有了零用钱后，常常会先狂花一阵，买一些自己喜欢但不实用的东西，没几天就玩腻了。或者手头又没钱了，就又向妈妈要。这让妈妈很发愁，怎么管教才好呢？

妈妈改变1%，孩子改变100%

　　小男孩岳岳特别喜欢吃甜食，所以每个星期他一拿到妈妈给的零花钱后，就会风一般跑去买各种甜食吃，结果往往是一两天就会把一星期的零花钱花光。

　　这一天，岳岳看上一架玩具飞机，岳岳跑过去一看价码，低着头往后退了一步，为什么呢？原来玩具飞机要几十元，而岳岳的零花钱并没有那么多。

　　可他真的很想很想要这个玩具，就飞快地跑回家，对妈妈说："妈妈，能再给我一些零花钱吗？"

　　"这可不行，妈妈前天不是刚把这星期的零花钱给你了吗？"妈妈摇头拒绝了他的要求，并问他，"你要钱做什么？"

　　"我想买玩具。"岳岳如实地回答。

　　听到这个答案，妈妈更不可能给他多余的零花钱了，就对他说："你如果真的很想要那个玩具的话，可以自己想办法攒钱。"

　　"怎么攒呢？我真的很想要那个玩具。"岳岳认真地回答道。

　　"你可以规定自己每个星期只花一小部分零花钱，剩下的钱全攒下来，这样一来，没多久你就有钱买玩具了，不是吗？"

　　"可我怕自己忍不住花钱。"岳岳低沉地垂下了头。

　　妈妈想了想，写了两张纸条交给他，并对他说："把这两张纸条放在你的口袋里，当你再想花钱的时候，就打开看看它们。"

　　岳岳打开纸条一看，只见第一张纸条上写着：我真的要买这个东西吗？

　　第二张纸条上是：买了这个东西，我还能买其他东西吗？

　　岳岳连摇了两次头，手紧紧地捂在口袋上，坚定的对妈妈说："妈妈，我想我会攒够钱买玩具的。"

　　上面故事中，岳岳妈妈的做法很巧妙，取得了不错的效果，值得我们借鉴。但是，孩子大都自控能力较差，即使采取这种方法教育孩子，也要经常提醒他才行。除了这个方法，妈妈还可以鼓励孩子列出一个月、一个季度内想要的东西的清单，然后将最喜欢最想要的标出来，再和自己的零用钱相比较，看看够还是不够，如果不够，妈妈应教给孩子，尽量少花自己的零用钱，积攒起来买自己最想要的，而其他的则可以舍弃。

当孩子当月的零花钱没花完时，妈妈要教育孩子，不要为了花钱而花钱，多余的钱，可以存起来。

小忆马上就要过生日了，妈妈对他说："儿子，妈妈今年送你一件有意义的特殊礼物，怎么样？"

"是什么？"小忆高兴地问。

"存钱罐！这样，你就能把自己的零花钱存起来，用来买更多更有用的好东西。好不好？"妈妈拉着他的手问。

其实小忆早就想要一个存钱罐，只不过怕妈妈不同意，而且自己的零花钱也不多，所以一直没开口，现在听到妈妈的话，当然很高兴地就答应了下来。

于是第二天，小忆和妈妈一起，去超市选购喜欢的存钱罐了。

"这个怎么样？粉粉的小猫，多可爱。"妈妈指着一个粉色小猫形状的存钱罐问小忆，小忆摇摇头，说道："粉色是女孩子们喜欢的颜色，男孩子喜欢更酷的样子。"

"更酷的啊……"妈妈在货架上扫来扫去，看见一款变形金刚的存钱罐，高兴地拿了过来，对小忆说，"这个怎么样，很酷吧！"

"可是……我不喜欢……"小忆低下头，轻轻地摇了摇。

妈妈没办法，只好让他自己在货架上寻找自己喜欢的存钱罐，可看了半天，小忆都没找到自己喜欢的。

"妈妈，这里没有我喜欢的。"小忆嘟着小嘴说道。

"那我们去别的超市。"妈妈没有生气，拉着他的手就带他去其他超市选购了。

谁知道，天都黑了，他们都没选好一个小小的存钱罐。

"都没喜欢的？这可怎么办啊。"妈妈苦恼地问，"小忆，你到底喜欢什么样的存钱罐？"

"这个嘛……我也说不清楚，知道大概是什么样的，就是形容不上来。"小忆有些怯怯地说道。

"知道，却说不出来？那如果让你自己做，能做出来吗？"妈妈突然想到一个好主意。

小忆坚定地点点头，高兴地回答道："肯定能做出来的。"

有了儿子肯定的回答，妈妈大手一挥，宣布道："那我们回家，自己做存钱罐去！"

在孩子对金钱有了基本的了解后，妈妈可以适当给他点儿零花钱，让他自己做主怎么花。同时妈妈也要给他一个存钱罐，教他逐渐养成存钱的习惯。妈妈要让孩子用存钱的方式，早早接受"控制花钱的欲望"的训练，这对形成正确的理财心态有着很大的帮助。

虽然市场上有很多儿童存钱罐，做工很精致，价格也不高，但既然是培养孩子的理财意识，妈妈不妨和孩子一起动手，做一个充满个性的存钱罐。这样一来，不仅让孩子体会到动手"制作"东西的乐趣和成就感，还能强化他"存钱"的意识。

在孩子有了存钱罐后，妈妈应多加鼓励孩子存钱，将自己的一些零钱也存进去，给孩子起一个表率，鼓励孩子存钱。当孩子存到一定数量时妈妈要给予一定的奖励。比如，妈妈可以跟孩子说："当你的存钱罐存满时，妈妈给你买一身漂亮的新衣服，而且是你自己挑的，好不好？"在这种目标的激励下，孩子的存钱欲望会更强，当孩子在存钱中尝到"甜头"，才会继续坚持存钱，并逐渐形成"理财"的好习惯。

帮孩子走出金钱的"旋涡"

孩子大都有点虚荣心,看见别人有什么就想要什么,好像自己没有就低人一等似的,于是就缠着妈妈要名牌、要时尚。虽然满足了自己的虚荣心,但却让妈妈受了苦。要知道,一味地满足孩子的虚荣心会让孩子更加爱慕虚荣,从而养成浪费等坏习惯。因此,妈妈面对孩子陷入金钱"旋涡"的情况,一定要及时纠正孩子,不要让他盲目攀比。

"妈妈回来了?"听到敲门声后,小芯高兴地跑去开门。

"妈妈,我给您拿包。"妈妈还没进门小芯就赶忙伸过手去接妈妈的皮包。

"妈妈换鞋。"小芯放下包又赶紧给妈妈拿拖鞋。

"今天怎么这么勤快?"妈妈觉得很奇怪,女儿向来是衣来伸手饭来张口的,怎么今天主动做起事来了。

"我本来就很勤快啊!妈妈,我想买一套布娃娃。"小芯拉着妈妈的胳膊说。

"布娃娃?你已经有很多了。"妈妈指了指她的房间,说,"你的床上都快放不下了,还要买什么呀?"

"我要买一套小熊,我从来没有买过,我们同学都有。"小芯着急地说。

"看在你今天这么乖的份儿上,妈妈答应你。"妈妈还不知道具体情况便答应了。

"太好了,妈妈万岁!"小芯高兴地蹦了起来。

妈妈改变1%，孩子改变100%

"妈妈，给我一千块，我现在就去商场买。"小芯伸出手等着接钱。

"多少？一千块！"妈妈惊愕地问。

"对啊，这两天打折，999元，可值了。"小芯说。

"你还真敢开口，我没钱！"妈妈生气地说。

"妈妈骗人，刚才您已经答应我了！我们同学都有了！"跺着脚说。

"不买！小小年纪攀比什么？"妈妈说完，就进厨房准备晚饭了，小芯还在客厅里大吵大闹的。

虽说穷什么也不能穷孩子，但孩子在衣食无忧的环境下成长，往往不懂得勤俭节约，还容易养成盲目攀比的坏习惯，经常互相比较谁吃得好、穿得好、用得好，一旦自己落后了就责怪妈妈不关心自己，其实，是孩子不懂得心疼妈妈。

孩子盲目攀比，不仅会加重妈妈的负担，还会令他们身陷金钱的"漩涡"而无法自拔，对他们的金钱观念会有不好的影响。因此，当孩子出现盲目攀比的现象时，妈妈应该及时制止，并给予孩子正确的引导，帮助孩子克服这种不良的攀比心理。

有些孩子认为只有自己比别人吃得好、穿得好、用得好就会受到他人的尊重，其实这是不对的，妈妈可以通过摆事实、讲道理，纠正孩子的这一错误想法。

有位富翁十分有钱，但却得不到旁人的尊重，他为此苦恼不已，每日寻思如何才能得到众人的敬仰。

某天在街上散步时，他看到街边一个衣衫褴褛的乞丐，心想机会来了，便在乞丐的破碗中丢下一枚亮晶晶的金币。

谁知乞丐头也不抬地仍是忙着捉虱子，富翁不由生气地说："你眼睛瞎了？没看到我给你的是金币吗？"

乞丐仍是不看他一眼，答道："给不给是你的事，不高兴可以要回去。"

富翁大怒，意气用事起来，又丢了十个金币在乞丐的碗中，心想他这次一定会趴着向自己道谢，却不料乞丐仍是不理不睬。

富翁几乎要跳了起来："我给你十个金币，你看清楚，我是有钱人，好歹你也尊重我一下，道个谢你都不会吗？"

乞丐懒洋洋地回答："有钱是你的事，尊不尊重你则是我的事，这是强求不来的。"

富翁急了："那么，我将我的财产的一半送给你，能不能请你尊重我呢？"

乞丐翻着一双白眼看他："给我一半财产，那我不是和你一样有钱了吗？为什么要我尊重你？"

富翁更急起来道："好，我将所有的财产都给你，这下你可愿意尊重我了？"

乞丐大笑："你将财产都给我，那你就成了乞丐，而我成了富翁，我凭什么来尊重你？"

由此可见，金钱和尊重并不能画上等号，再有钱，也换不来他人的好感。其实，很多孩子之所以攀比，很大程度上是受妈妈的影响。在日常生活中，孩子接触最多的人是妈妈，亲子间朝夕相处、亲密无间，孩子会观察妈妈的言行并模仿学习。如果妈妈是个爱慕虚荣、喜欢攀比的人，那么孩子也会朝着这方面发展。因此，妈妈必须坚持以身作则，不要在孩子面前和同事、邻居或者朋友攀比。妈妈要帮助孩子树立正确的人生观、价值观，避免孩子出现盲目攀比的心理。

妈妈要告诉孩子，金钱不代表一切，我们不能过分看重它而忽视自己已经拥有的其他财富。金钱可以用来购买许多商品，但却买不到情感、快乐等各种精神层面的东西，买不到一个人发自内心的富足感、幸福感。

所以，妈妈在孩子成长的过程中，除了要尽力为他提供好的生活条件，还应对其进行正确的金钱教育，要避免孩子过分看重金钱。孩子在接触金钱之初，妈妈不妨告诉孩子，很多东西是用钱买不到换不来的，比如"你是爸妈的心肝宝贝，拿多少钱我们都不换"。

教育孩子的过程中，妈妈可以教孩子为了一些更珍贵的东西而放弃金钱，让孩子更直接地体会到"金钱并不是人生最重要的东西"。

平时生活中，妈妈应经常鼓励孩子通过捐款、捐物等帮助别人，让孩子获得精神上的满足。这样一来，孩子就会感受到帮助他人的快乐，也会更加心甘情愿地拿自己的零花钱上去做更多有意义的事。时间一长，孩子就能学会创造各种精神财富，而不会过分地看重金钱了。

有付出才有收获

俗话说"一分耕耘，一分收获"，生活中如果想要有所得，就必须有所付出，世界上没有免费的午餐。然而，如今很多孩子都是独生子女，是妈妈的掌中宝、心头肉，在妈妈的溺爱下养成了饭来张口、衣来伸手的坏习惯，根本不知道金钱得来不易，不付出就想获得财富。

甜甜是独生女，从小就是家里的小公主，妈妈对她宠爱有加，几乎是有求必应。如今甜甜已经上高中了，被子仍是妈妈叠，房间仍是妈妈整理，一点家务活都不会干，有时候妈妈埋怨几句："甜甜，你长大了怎么办哪？"

甜甜马上撒娇："妈，不是有您吗？您叠的被子我才睡得香呢!"弄得妈妈哭笑不得。

一次，甜甜的衣服脏了，不愿意自己动手洗，就哄妈妈说："妈，上回我自己没把衣服洗干净，同学们都笑我了，可丢脸了。这衣服我也洗不干净，您帮我洗了吧!"

"我怎么能让我女儿被人笑话呢！来，妈帮你洗了!"妈妈二话不说拿走了衣服。

看到地铁上好多人都用平板电脑，甜甜也想有一台。于是对妈妈说："妈，我也想要一台平板电脑，这样我可以随身带着它，查资料就更方便了。"

"那你能跟妈妈保证好好学习吗?"妈妈问。

"那当然，我肯定好好学习。"甜甜夸下海口道，心里想：反正先弄到再说，有了电脑，我就算成绩没提高，你们也不会骂我的。

渐渐地，甜甜发现，从妈妈那里索要东西是很轻而易举的事情，根本不需要努力，于是更变本加厉地从妈妈那里索取东西。

付出一个信念，收获到的将是一个行动；付出一个行动，收获到的将是一个习惯；付出一个习惯，收获到的将是一个性格；付出一个性格，收获到的将是一个命运。所以说付出是收获之母。只有今天坚持不懈地努力和付出，明天才能收获美丽的人生。

所以，妈妈们，当孩子跟你们索要东西的时候，要让孩子懂得，世界上没有免费的午餐。要告诉孩子，好逸恶劳只会助长人的惰性，不仅对自身无益，甚至还会危害社会。妈妈要教育孩子提高孩子对付出的正确认识，引导孩子抵制不劳而获、好逸恶劳的思想。

日常生活中，妈妈是孩子最好的老师，妈妈也应该通过自身的勤劳行动为孩子做出表率。有些妈妈就抱着一夜暴富的心态热衷于买彩票，给孩子留下不切实际的幻想，这就是不对的。如果妈妈能合理安排家务劳动，让孩子在劳动中体现出他的人生价值，明白有付出才有收获的道理，那么

妈妈改变1%，孩子改变100%

就再好不过了。

　　李勇一家搬到了一个小镇上生活。
　　一天李勇问妈妈："我想在镇上交更多的朋友，该怎么办呢？"
　　妈妈说："你如果只想交一两个朋友，现在就去邻居家敲门。如果你想交更多志同道合的朋友的话，就先得准备为镇上的朋友做些什么。"
　　李勇问："我先做些什么呢？"
　　妈妈想了想，说："要做的事很多，比如，请孩子们来家里聚会、帮助莉莉修建草坪、和小杰一起复习功课……"李勇听了觉得很奇怪，这些跟交朋友有什么关系呢？虽然心存疑惑，但他还是去做了，渐渐的，镇上的孩子们都知道了李勇。
　　再后来，镇上的很多孩子都成了李勇的好朋友，他们说："我们都知道你热情好客又乐于助人，跟你做朋友很开心。"
　　妈妈问李勇有什么感想时，他想了想说："在收获前，先要学会付出！"

　　苏联教育家凯洛夫曾说："劳动使一个人的道德变得高尚，使他尊重任何一个职业的劳动者，仇恨那些寄生虫和剥削者、二流子、怯懦者、懒汉。"妈妈可以通过培养孩子的劳动习惯，使孩子自觉地抵制不劳而获的思想，这也是一种良好的理财教育。妈妈可以经常给孩子安排一些力所能及的任务，例如：收拾房间、一起折叠衣物等，同时找出孩子的优点，给以真心的夸奖。这样，孩子一定会体会到劳动的乐趣，以后会更有兴趣地做这方面的事。

　　鼹鼠是完全生活在地下的鼠类，它们十分擅长在地底挖洞，而且挖的洞四通八达，是立体网状的通道。

鼹鼠们在十分辛苦的劳作中挖好洞后，就可以守株待兔地等待食物上门了，那些在地底钻土而行的蚯蚓、甲虫等常会不知不觉地闯进鼹鼠的通道中，被来回巡逻的鼹鼠捕获。

通常情况下，一只鼹鼠在自制的网状通道里绕行一周要花上好几个钟头，但这样的辛苦是值得的，因为它们绕行一周，可以抓到很多掉进陷阱的猎物。如果俘获的昆虫太多，吃不完的就先将它们咬死，放在储藏室里，很多时候，鼹鼠的储藏室里都装着数以千计的昆虫尸体。

不管是大人还是孩子都会有天真的幻想，希望天上真的有馅饼掉下来。但是妈妈应该以自己的言传身教告诉孩子，免费的午餐是不存在的。在人生的道路上，只有播种才会有收获，只有用自己的付出才能换来收获。付出了真诚与关爱，我们才能收获友谊；付出了认真与努力，我们才能收获知识。春天播种了希望的种子，秋天我们才能收获累累硕果。

第九章
妈妈会处世，孩子才有好人缘

人缘对孩子的未来有很大的影响。好的人缘不仅会让孩子拥有众多的朋友，还会对他将来的生活、事业有很大的帮助。为了孩子的将来，妈妈应该多注意孩子为人处世方面的培养和教育，让孩子拥有和善的性格、良好的品质，为他的好人缘打好基础。

培养彬彬有礼的孩子

中华民族历来以"礼仪之邦"著称,讲文明、懂礼貌更是中华民族的传统美德。越是懂礼仪的孩子,越是被人尊重,受人欢迎。而有些妈妈却忽视了对孩子礼仪的培养,要知道,想要让自己的孩子成为一个有涵养、懂礼貌的文明人,是需要经过一番训练才可以达成的。

周末,妈妈带着小杉去省图书馆看书。图书馆里很安静,大家都在专心致志地看书。

小杉也借了一本书看起来,书很有意思,看着看着小杉就不自觉地哈哈笑出声来,妈妈觉得很不错,还想多带小杉来图书馆,全然没注意到孩子的笑声已经打扰了周围的人。

"妈妈,这书真有意思!书里面的主人公……"小杉是个大嗓门,这就拉着妈妈讲开了。妈妈装作认真听的样子,其实只顾着看自己的书,时不时地插一句:"哦,真的吗?挺好!"

"妈,你都没有认真听!"小杉喊道,招来周围人一片埋怨的目光。

妈妈也觉得有点难为情,就一把夺下小杉手里的书,说:"你这孩子,只知道无理取闹!走,跟我回家。"

"我要看书,我要看书!呜呜呜……"在妈妈的生拉硬拽下,小杉哭了。

结果哭声把管理员都引了过来,提醒他们说话要小声一点,妈妈

妈妈改变1%，孩子改变100%

觉得不好意思，只好把怒火发到了小杉身上，大声地训骂了他一顿。

　　管理员听着小杉的哭声和小杉妈妈的训骂声，十分苦恼地皱起了眉头。

　　妈妈在小杉大声说话时并没有及时制止，最终引起了一场大风波，而她自己也没有注意礼仪方面的事情，和小杉一样很没有礼貌。其实，在进图书馆这样的公共场所之前，妈妈就应该教育孩子要保持安静不得大声喧哗，这是一个人应该有的基本修养。如果孩子没做到，妈妈也不应该大声批评孩子，这样的做法，既伤害了孩子的自尊心，也让大家对妈妈自身的文明素质持怀疑态度。

　　其实，良好的礼仪是拉近自己与他人的一座桥梁，懂礼仪的人更容易让别人接受，成为一个受欢迎的人。所以，礼仪教育应该成为孩子们的必修课程。让孩子从小认识礼仪的重要性，是妈妈应该做的最基本的事情，这对孩子树立自信心、建立良好的人际关系都有着积极的影响。

　　蔡女士的女儿小欣非常聪明伶俐，正在读小学五年级的她成绩优异，但对待周围同学却十分冷漠、刻薄，与人交流时常常语中带刺。

　　在很多人眼中，小欣那种冷漠的态度、刻薄的言语，与她看上去温婉恬静的样子很不相符。正因为这样，许多同学都不喜欢和她交往，开始慢慢疏远她。

　　后来，蔡女士发现小欣有说话刻薄的行为，曾找机会劝导她，可结果是以失败告终。在和妈妈谈话时，小欣表现得非常平静，对妈妈的话，她只寥寥数语就应付过去了。蔡女士既吃惊又无奈，她没想到自己读过那么多书，有丰富的人生经验，却被一个十来岁的小女孩"噎"得没话说。

　　不久前的一段时间，小欣每天放学后都闷闷不乐的，心情不怎么好。蔡女士关心地问她："宝贝女儿，你这是怎么了，这两天看起来总是不高兴？"

蔡女士的态度很好，以为这样小欣会对她敞开心扉。可没想到，小欣非但没有感激妈妈对她的关心，反而用刻薄的语言回应道："没怎么，就算怎么了也不干您的事！您不是很忙吗，今天哪来的时间管我？"

小欣这句话让蔡女士无言以对，她只好买些好吃的东西哄她。几天后，蔡女士偶然遇到小欣的班主任，这才得知，她是因为在学校说话有些刻薄而跟同学闹得很不愉快，那些天班里的同学大都不爱理她。

幸好，在班主任的巧妙调节下，小欣和同学的关系已经缓和了一些，但她建议蔡女士平时也多关心小欣，想办法和她多交流。

像故事里小欣这样没礼貌的孩子现实生活中也比比皆是，导致这种现象的原因是多方面的。比如，孩子在看电视或生活中，感觉那些说话刻薄的情景比较酣畅淋漓，然后在好奇心的促使下模仿，久而久之就形成了习惯，变得忽略别人的感受、自己舒服就好；或者是孩子的自尊心比较强，以致对别人的关心敏感、多疑，从而企图以说话刻薄来伪装自己；还有可能是孩子在与人交流过程中，被别人言语刻薄对待过，因此心生不满，并且决定以相同的方式进行报复，然而达到目的后才发现，自己已经失去了别人的喜欢。

因此，当孩子说话没礼貌时，妈妈应针对不同原因采取不同的教育方式。对新鲜有趣的事物好奇是孩子的天性，所以孩子进行模仿也是可以理解的，妈妈不必过于介怀，只要向孩子讲明哪些行为可以模仿、哪些不可以即可。此外，妈妈还要讲明模仿那些坏行为的不良后果，比如，告诉孩子说话没礼貌会引起身边人的疏远等。

对孩子礼仪的培养是一个长期的潜移默化的过程，不是一朝一夕就能形成的，妈妈应该严格要求孩子，从日常生活中一点一滴的小事里规范孩子的言行。妈妈可以有意识地在不同场合、根据不同对象教给他具体的做法。比如，和长辈见面时要尊称"爷爷"、"奶奶"、"叔叔"、"阿姨"等，对长辈说话时要使用"您"，见面要问声"你好"或"您好"，离开道别时要说"再见"，请求别人帮助时要用"请"，得到帮助后要说"谢谢"，打扰了别人或伤害到别人时说声"对不起"、"请原谅"，不随便打断别人的谈话，不任意插嘴，家里来了客人要有礼貌地回答客人的问话，到别人家里不随意动东西……

培养一个懂礼仪的好孩子，也离不开妈妈长期的监督和教导。妈妈不要因为孩子还小就过分溺爱，放任自己的孩子不管，孩子有不对的地方就应该批评教育。当然，批评也应该注意方式和方法。要让孩子懂礼貌有礼仪，妈妈应当耐心地告诉孩子什么是礼仪，为什么要讲礼仪，相信没有哪个孩子愿意做一个不受欢迎的人。反之，孩子表现得好，鼓励和表扬也是不可缺少的。

谦虚的孩子更受欢迎

从古至今，获得美誉的名人或伟人，都有这样一个特点，那就是谦虚。谦虚使人进步，让人愿意聆听他人的劝说和经验，谦虚也能让孩子变得和善，使孩子在朋友圈中更受欢迎。

小耿是个很有音乐天赋的女孩，歌唱得好，钢琴也弹得非常棒，凡是听过她唱歌、看过她弹琴的人，无一不对她大加赞赏。

很长一段时间里，妈妈带小耿外出或去别人家做客，常常会听到许多赞美女儿的话。

"你女儿真聪明，将来肯定是个艺术家！""哇，你女儿太漂亮了，还这么有才华！"

"你家女儿真棒，真让人羡慕，要是我也有这样一个女儿就好了！"

"真是百闻不如一见，你女儿果然多才多艺，你真是好福气啊！"

听到这样的话，小耿的妈妈心里当然是美滋滋的。可她没想到，在过多的表扬声中，小耿竟渐渐骄傲起来，越来越不懂得谦虚，有点得意忘形，有时还刻意贬低别人。

一次，小耿去上钢琴课，有个同学因进步比较快，被老师表扬了。回家之后，小耿就一脸蔑视地说："小兰弹得那么烂，我都快听不下去了，老师居然还说她进步快，真不知道她们是怎么想的。"

"谦虚使人进步，骄傲使人落后"，小耿的妈妈很清楚这一点。所以，她决定想办法改变小耿骄傲自满的心态，让她明白只有谦虚谨慎的人，才能看清自己，看清别人，并博采众长，在"百尺竿头"上更进一步。

妈妈应教育孩子，当别人取得进步时不要不屑或者嫉妒，而是应该真心为别人高兴并且自己要加倍努力。总之，在孩子缺乏认知世界的能力和自我控制的能力的时候，妈妈可以以培养孩子谦虚的品质为主。妈妈要让孩子知道，骄傲的人是不会有人喜欢的，还要告诉孩子，骄傲的人通常看不到自己的不足，而且在别人指正自己时还会不屑一顾，甚至反感，这样就有可能因为过度孤芳自赏，而对事物失去应有的评判力，最终不进则退。

著名科学家爱因斯坦由始至终都抱以虚怀若谷的胸襟和谦虚谨慎的美德，一生都在进行研究和学习。对此，曾经有一位年轻人问过他:"您老已经取得如此之大的成就,为什么还要持之以恒地学习呢?"

爱因斯坦的回答非常耐人寻味。他先是拿起笔,画了一个大圆和小圆,然后说:"知识,是永无止境的。现在我可能比你知道的多一些,所以我是这个大圆,而你是这个小圆。小圆的面积小,接触的领域少,因而感受未知事物的范围就小;但是大圆面积大,感受的事物比较多,就更加发觉自己的不足,也就会更加努力地去探索。"

"谦虚使人进步,骄傲使人落后。"这句话妈妈一定不会陌生,面对他人的夸奖,如果孩子顺着杆子往上爬,就会越爬越高,最后有一种飘在云端的感觉,虽然非常舒服,但是却很危险。相反,倘若妈妈教导孩子要谦虚对待别人的夸奖,就能够清楚地认识到自己的优势和不足,既为目前的成绩感到高兴,又为自己的不足感到担忧,从而激励孩子不断努力、不断进步。谦虚是一种正确的处事方式,也是一种美好的品德修养。和一些骄傲、自大的人相比,谦虚的人总是显得更有涵养、有素质。

赵铠每次期末考试成绩都在班里名列前茅,而且还会拉小提琴,在同学们的心目中,一个学习又好、才艺又好的孩子是无可挑剔的,大家都喜欢和他来往。其实,赵铠的好人缘不只是建立在出类拔萃的学习成绩和才艺上,大家对他的喜爱,更多的是因为他为人谦虚、从不会瞧不起班上的任何人。

一次,几个朋友去他家里玩儿,当大家看到满墙的"三好学生"奖状时都惊叹不已。

有人说:"你太厉害了,有这么多奖状!"

还有人十分羡慕,但赵铠却谦虚地说:"我的这些奖状和证书的确没什么大不了的,只要大家努力,都可以拿到。"

大家听后,对他更多了几分敬佩和喜爱。

在与人交往的过程中，态度谦虚是很重要的。比如故事中的赵铠，他虽然很能干，但一点不"拿大"，也不会看不起"无能"的同学们，依旧和大家玩在一起，乐在一起，这让他获得了好人缘。妈妈要多教导孩子向赵铠学习，要以谦虚谨慎的态度来对待身边的人和事，这样才能受到大家的热爱和尊重。

不过，妈妈也要告诉孩子，谦虚是要讲究一定的方式方法，不能总是简单应付对方，当对方衷心地赞美孩子时，孩子应该及时地表达出自己的感谢之意。俗话说：过分的谦虚就是虚伪。所以，谦虚不能过度，要提醒孩子适当地承认自己的成就。还要对孩子说，谦虚不是对自己进行自我否定，面对他人的夸奖，孩子既要保持清醒的头脑、认识到自己的缺点，还要把握住进步的机会，不要谦虚地说"我不行"、"我做不到"，应该说"我可以尝试一下"、"我会尽力的"等含有激励性的语言。

而且，妈妈对孩子表现好的地方提出表扬是应该的，但一定要适度。另外，当身边的人都夸赞孩子时，妈妈要及时提醒孩子，不要因为他人的夸奖就得意忘形，变得骄傲起来。妈妈要对孩子的表现给出客观的评价，可以适当地"泼冷水"。

另外，妈妈一定要教育孩子虚心接受别人的批评建议，全面审视自己。妈妈还可以经常和孩子分享名人的故事，让孩子对谦虚产生深刻的认识，逐渐养成谦虚的好习惯。

尊重他人，培养合作精神

人与人之间，只有学会合作，才会拥有更强大的力量，在与人合作的

妈妈改变 **1%**，孩子改变 **100%**

过程中，每个人都可以借助他人的力量与智慧，实现自我超越。妈妈在教育孩子的时候，要告诉孩子与人合作的重要性，只有学会合作精神，才会拥有好的人缘，受人尊敬。

迈克和乔治一块儿踢足球，迈克跑得很快，乔治射门很准，所以，在足球场上，经常可以看到迈克快速地运球向球门移动，却在最后射偏了；而乔治因为跑得慢，半路就被人把球截了下来。

上中学之后，迈克和乔治都进了足球队，每次比赛他们两个的进球率都偏低，他们的教练也发现了这个问题，在又一次两个人比赛失利后，教练把他们叫到了休息室。

"迈克，你运球稳，又跑得快，为什么不试着把球传给别人呢？"

"可是，这样我就进不了球了，妈妈说，想看我进球的样子。"迈克说。

乔治也在一旁点头："我爸爸也说要让我努力进球。可我一个人练习的时候，明明是百发百中的，怎么一到比赛的时候，就……"

"进球，应该是团队的事情。"教练对两个人说，"你们现在不应该只追求个人成绩，应该多注重团队精神、合作精神。如果你们两个合作起来，我相信，你们会发挥出更大的力量的。"

"真的吗？"

"相信教练吧，我会让你们成为足球明星的！"教练发誓。

之后，在教练的安排下，迈克和乔治成为了搭档。迈克负责传球，乔治在最后关头射门，成了整个球队的骄傲。

由此可见，和他人合作是多么重要的一件事。正所谓"众人拾柴火焰高"，在如今的社会中，与人合作的能力，已是真正的人才必备的素质之一。可是，现在的孩子多数是独生子女，是在妈妈的过度呵护与溺爱下成长起来的，这样的孩子做事往往以自我为中心，缺乏团队合作的精神。

有个人带着一个行李箱准备出远门。

一路上，重重的行李箱将他累得喘不过气来。他只好左手累了换右手，右手累了又换左手。

但即便是这样，他还是很累，觉得自己的两只手都要断了。

这时候，他遇到了一个青年，青年也带着一个行李箱，和他一样疲惫。

"我们为什么不互相合作呢？"他突然对青年说道，"我去找个棍子，咱们轮流挑行李怎么样？"

"一个行李箱都这么累，挑两个箱子不是更累？"

"不，相信我，你会很轻松的。"

青年听了他的话，找来了一根棍子，结果真如他所说，他们将两个行李箱一左一右地挂在扁担上，轮流挑起两个箱子上路，反倒觉得轻松了很多。

欧洲著名心理学家阿德勒认为，如果一个孩子未曾学会合作之道，他必定会走向孤僻之途，并产生牢固的自卑情绪，这将严重影响他一生的发展。所以，为了让孩子形成健康向上的人格品质，也为了让他更好地立足于社会，妈妈从小注意培养其合作精神是十分必要的。

研究者让参与实验的一群小学生两两结合为一组，每一组的成员都要在A和B之间做选择，但两人不能互相商量，只能按自己的意愿悄悄将选项写在答题板上。并且，选择A还是B，有一定的规则——若小组两名成员都选A，则每人各得10分；若一人选A，一人选B，那么选A的人要被扣掉15分，选B者则得到15分；若小组中的两名成员都选B，则两人都被扣掉5分。

实验开始两分钟后，大多数学生都还没有动笔，每个人都在犹豫不决，都在猜测组内另一名成员会选什么。但其中有两组学生很快就在答题板上写下了自己的答案，待研究者喊"时间到"时，他们亮题板的速度是最快的，而且答案很一致，都选择了A。至于其他几组学生，每一组的答案要么都是B，要么一个选A一个选B。

于是，研究者笑着走到那两组都选了A的学生跟前说："恭喜你们，如果今后要找人合作，我肯定会找你们。你们的双赢意识，也必定会给自己带来更多好处。"

在做选择的时候，所有学生都不清楚对方会选什么，这时如果自己选择A，就有可能失去15分。但最先写下答案的那两组学生，他们并非只考虑自己的利益，而是希望对方也选A，这样两人就能共赢。

要让孩子与人合作，妈妈首先应想办法让他真心实意地接纳别人，而不是唯我独尊，与周围其他人保持距离。在此期间，合作的双方会互相认识到对方的强项，然后互相利用对方的优势和资源，弥补各自的不足，进而共同获得更大的效益。所以，平时的生活中，妈妈应时常告诉孩子，每个人各有所长，也各有所短，不能因别人比自己优秀而妒忌他，也不能因他有一些缺点就避而远之。

妈妈要鼓励孩子多参加易产生合作关系的游戏和活动。比如，和其他朋友一起参加篮球、足球、跳绳等体育活动，或玩捉迷藏、过家家等游戏。这些活动中，既有团队之间的对抗与竞争，又有内部的协调一致，对培养孩子的合作精神大有益处。

平时，妈妈还要教给孩子一些合作的规则、技巧。孩子年龄还小，缺乏与人交往合作的经验，在和他人一起进行某种活动时往往会不知所措。所以，妈妈不仅要给孩子提供合作的机会，还要让他学习一些必要的合作技巧和规则。要让孩子知道，合作的过程中，每一个人都是平等的，孩子可以有自己的立场和想法，却不能唯我独尊，只为自己着想，完全不顾及他人的需求与感受。

学会倾听，体谅他人

倾听即是细心听、用心听的意思。倾听也是一种礼貌，认真倾听也是表示对说话者的尊重。倾听也可以体现出一种能力、一种素质。人与人之间交往成功的一个重要因素就是学会倾听。但是，现在的孩子很少有会倾听、耐心倾听的，他们和朋友在一起时，兴致所至就争相插嘴，表达自己的意见，而不愿意做个倾听者，认为那样是"认输"的表现，事实上并不是这样的，妈妈要让孩子知道，一个好的倾听者才能赢得更多的朋友的信赖和喜爱。

女儿放学回到家，妈妈发现她有些不对劲，眼睛红红的，嘴巴使劲噘着，像是和人吵架，受了委屈。

"女儿，你怎么了？"妈妈走到她身边问道。

女儿先是嘴一撇，然后轻轻抽泣了起来，小声说道："英英说我总是不听她说话，说我一点也不关心她，不拿她当朋友，她也不会再和我做朋友了。可她是我最好的朋友，我怎么可能不关心她呢？"

"那你有没有好好听她说话？"妈妈问。

女儿有些犹豫，板着小脑袋支吾了半天，才咬唇说道："可英英每次说话都很啰唆，能从她家猫总是叫个不停说到她家地板又划了一道痕迹。我要是全听完……"

"也就是正如英英所说，你其实并没有用心听她说话，对吧？"

妈妈改变1%，孩子改变100%

　　妈妈很肯定地问女儿，见她缓缓点了下头，妈妈叹了一口气，把她拉到沙发旁，两人并排坐下，对她说："不管在任何时候，你都要学会倾听，哪怕对方说的话你根本不感兴趣，这是对他人最基本的尊重和友爱。而且，当你用心去听朋友所讲的话的时候，你会发现很多关于朋友的事情，对朋友会更加了解，你们的关系也会更加亲密的。"

　　"真的吗？"女儿仰头问道。

　　妈妈点点头，又对她说："所以，你现在最主要的任务就是，赶紧打电话和英英道歉，并且在以后听她说话的时候，真正做到用心交流。"

　　"而且，不仅是对英英，对其他人也应该这样，对吗？"女儿听完妈妈的建议，心情大好，吐着舌头开玩笑道。

　　因此，妈妈应该从小培养孩子学会倾听，这对他的人际交往有帮助。如果孩子不知道该如何去倾听，妈妈就要教导孩子，让孩子了解倾听的方法，并学会倾听。比如，当孩子告诉你一些事情的时候，妈妈应该把报纸放下，专心听孩子讲话。如果妈妈以身作则，做一个好听众，那么孩子就会跟妈妈学着做。当然，妈妈也可以利用讲故事的方式，告诉孩子倾听的好处。

　　有个小国派使者到另一个国家，进贡了三个一模一样的金人，金碧辉煌，把国王高兴坏了。可是这小国不厚道，同时出了一道题目：这三个金人哪个最有价值？

　　国王想了许多的办法，请来珠宝匠检查，称重量，看做工，都是一模一样的。怎么办？使者说："我还等着回去汇报呢，你们这么大的国家，不会连这个小事都不懂吧？"

　　最后，有一位退位的老大臣说他有办法。

　　国王将使者请到大殿，老臣胸有成竹地拿着三根稻草，插入第一个金人的耳朵里,这稻草从另一边耳朵出来了。第二个金人的稻草从嘴巴里直接掉出来,而第三个金人,稻草进去后掉进了肚子,什么响动也没有。

老臣说:"第三个金人最有价值!"

使者俯首称臣:"答案正确。"

为什么第三个金人最有价值呢?因为他听到什么,全都藏在了肚子里。一个好的倾听者,才是最有价值的朋友。除了倾听,妈妈也要教导孩子体谅他人,这样才会让他拥有良好的人际关系。

王晓小有个不好的毛病,不会察言观色,总是在不知不觉中,就把人给得罪了。比如有一次,家里来了个亲戚,姓苟,王晓小觉得十分有趣,就对亲戚说:"叔叔姓狗啊。"

这位苟先生本来就对自己的姓氏有些敏感,虽然王晓小是个小孩子,但他听到王晓小这么说话,脸色还是变了。但王晓小却没看出来,依旧嘻嘻哈哈地问他:"叔叔,你为什么姓狗不姓猫呢?猫比狗可爱。"

"这个……叔叔是姓苟,一丝不苟的苟,不是猫狗的狗哦。"苟先生耐心地对他解释道。

可王晓小还是自顾自地在那说道:"可是猫真的比狗好玩啊,对了,猫最喜欢玩丝状的东西了,看见毛线团就扑上去了。叔叔,你改姓吧,怎么样?要是我的话,一定改姓猫。"

"……"苟先生哭笑不得,真不知道该怎么和这个孩子说话了。

王晓小的妈妈很抱歉地对苟先生说道:"真是对不起,这孩子太不会说话了。"

"没有,没有,还好啦。"苟先生客气道。

王晓小也觉得自己没说错话,就拉拉妈妈的衣袖,无辜地说道:

第九章 妈妈会处世,孩子才有好人缘

"妈妈，小狗……"

"咳……那个，我先回去了，以后有时间再来你们家玩。"王晓小的话还没说完，苟先生就用力地咳嗽了一声，表情僵硬地离开了他们家。

王晓小这才觉得不对劲，等苟先生离开后，他轻声地问妈妈："妈妈，叔叔是不是……有点不高兴啊？"

"你还知道叔叔不高兴啊，都是被你气坏的。没看到叔叔的脸都变色了，还一直说个不停，真是不会看人脸色！"妈妈边说，边摇着头忙自己的去了。

王晓小留在原地，嘟着嘴小声说道："他又没说他生气了，我哪看得出来。"

如果孩子从小就善解人意，懂得体谅他人，那么长大后就会有良好的人际关系。所以，妈妈要帮孩子建立理解别人的愿望，要让孩子懂得人与人之间需要互相理解，关心和体贴，还要教会孩子学着宽慰和体贴别人。要让孩子知道，人都有遇到困难、烦恼的时候，都需要得到别人的体谅和帮助。让我们的孩子学会善解人意，让他们在平凡之处显出崇高，生活才会变得更有意义。

好人缘，幽默的口才很重要

当今社会"口才"是衡量一个人自身能力的标准，拥有好口才的人的事业要顺利很多，所以人们现在越来越重视个人口头表达能力，但是未必人人都具有好口才。因此，锻炼孩子的口才也是其情商教育的一个重要内容。

　　小樱是个温顺乖巧的小女孩，笑的时候嘴角挂个小酒窝，要多可爱有多可爱。可就是这么可爱的孩子，语言表达能力却不太好。虽然和她沟通是没有问题，但口才就略显薄弱了。很多时候，小樱说话都语不达意，很难把意思表达清楚。

　　妈妈觉得这样下去可不行，得想办法提高一下她的口才。于是她来到在小学当老师的老同学冰燕家里，想向冰燕请教一下。

　　"冰燕，你是怎么教你们家小水的，口才那么好，说话又流利又风趣，我都羡慕死你了，有这么个贴心宝贝。不像我们家小樱，嘴笨死了。"小樱妈妈一坐下来，就直奔了主题，向冰燕请教到底用什么方法，能提高孩子的语言表达能力。

　　冰燕抿嘴笑了笑，说道："哪有你说的那么夸张，只不过是嘴巧了点而已。"

　　"要的就是嘴巧嘛。到底怎么教的？快告诉我。"小樱妈催促道。

　　冰燕想了想，回答说："其实我们也没刻意去教她说话，就是平时多和她沟通，引导她多开口说话，不管说什么，只要能说、会说、敢说就行。"

　　"我们也是这样啊，只不过小樱总说不到点儿上，让人着急。"

　　"孩子是很敏感的，当孩子尝试和妈妈沟通的时候，不管她说的对或错，有没有意义，妈妈都不应该表现出失望或者没兴趣的样子，这会大大打击孩子说话的积极性，变得不喜欢开口说话。试问，如果孩子不喜欢开口，口才又怎么能锻炼出来呢。"

　　"我明白你的意思了，就是尽量让孩子多说话。然后不管说的是好是坏，咱们做妈妈的都得先表扬再纠正！"

　　"对喽，就是这么一回事。"冰燕夸张地点了下头，小樱妈"求

妈妈改变1%，孩子改变100%

学"成功，高兴地回家"试招"去了。

培养孩子的语言表达能力，不是一门课程，更不是什么高深的学问。对妈妈来说，做这件事就如小河流水，重在绵长而无声，轻柔而无痕；要贯穿于生活中的方方面面、每时每刻。在说话的时候妈妈要引导孩子注意表达的主题，并围绕表达的主题把意思一层一层地说清楚。日常生活中，妈妈还要带孩子多出去与人交往，刚开始可以是身边熟悉的人，慢慢地让他接触到陌生的人，也可以让孩子独立做一些事情，记得给他点表扬或是鼓励。妈妈还要多和孩子谈他感兴趣的事情，让孩子多说，锻炼他的口才。除此以外，还需运用幽默的力量，多和孩子进行幽默语言的锻炼，这样孩子才能为建立良好的人际关系打好基础。

幽默大师林语堂先生，一生应邀做过无数场的讲演，但是他不喜欢那种没有经过充分准备工作的即兴讲演，他说："这是强人所难，一场成功的讲演，事前需充分的准备，内容才会充实。"

有一次，林语堂应邀参观一所大学。参观后，与大家共进午餐，这时校长认为机不可失，便再三邀请林语堂现场演讲一番。

林语堂推辞不过，于是走上讲台，讲了一个故事。

古罗马时代，暴虐的帝王喜欢把人丢进斗兽场，看着猛兽把人吃掉。

这一天，国王又把一个人丢进了兽栏里。此人虽然矮小，却勇气十足，当老虎向他走来时，只见他镇定地对着老虎耳语一番，老虎便默默地离开了。

国王很惊讶，又放了一头狮子进去。此人依旧对着狮子的耳边说话，狮子同样悄悄地离开了。这时国王再也忍不住好奇，便把此人放出来，问他：

"你到底对老虎、狮子说了什么话，为什么它们都不吃你？"

此人回答说："很简单呀，我只是告诉它们：'吃我可以，但是吃过以后，你要做一场演讲。'"

人的幽默感有三成是与生俱来的，七成靠的是后天培养。具有幽默感的孩子能够积极地面对人生，乐观、开朗、很有人缘。平时，妈妈可以从报纸上剪下各种标题或文章，再把各种标题随意拼接成一些可笑的故事、句子让孩子看，增加生活中的笑料，为培养孩子幽默的语言打基础。

大桥是个特别认真的男生，不管是做什么事情，都是有板有眼，一点幽默感都没有。身边的人和他开句玩笑，他要么一点反应也没有，要么以为对方是在损他，生气地不理人。身边的人经常无奈地和大桥爸说："你这儿子真是没趣，一点幽默感都没有，是不是你们家家教太严，让这孩子变得这么死气沉沉啊？"

大桥爸赶紧辩解道："没有啊，只不过我们家不怎么爱开玩笑。"

"这就对了，妈妈对孩子的影响最大。你们平时都不是幽默的人，孩子也自然培养不出幽默感。"对方这样说道。

听完对方的话，大桥爸陷入了沉思。因为他和大桥妈平时没有多少幽默感，不管是在工作中还是日常生活中，吃了不少暗亏，他不想让儿子也变成这样，便开始留意起培养孩子幽默感的方法。

大桥爸首先和大桥妈说了自己的想法，大桥妈觉得非常好。两个人就开始实施计划，只要大桥在他们身边，他们就会讲一些小笑话，说些俏皮话儿让大桥听。

夏天天很热，还有很多蚊子来扰人，一家三口正在看电视的时候，爸爸被耳边一只蚊子烦得受不了了，啪的一声就把蚊子拍死了。妈妈听到后，走过来看了看，对爸爸说："看看，犯错了吧，这是我养的，赔吧！"

爸爸见儿子被他们的话吸引了，就赶紧咳嗽一声，开玩笑似的对妈妈说："原来家里这些蚊子都是你养的啊，我和儿子每天被咬得这么惨，原来都是你害的。儿子，来，我们一块儿找妈妈报仇去！嘿呀……看我的'飞马流星挠'！"

"呵……咯咯咯……"虽然儿子有那么一瞬还以为爸爸妈妈真的吵架了，但当他看到爸爸轻轻地挠妈妈后，就明白他们不是在真吵架，被爸爸奇怪的动作和语气逗得直乐，也学着爸爸的样子，用小手轻轻地挠着妈妈，一家人有说有笑，快乐地度过了这一天。

幽默是对有趣、可笑事物的一种愉悦的心理反应，是一种亲切、轻松的感觉，是人的情感的自然流露。所以，幽默风趣的孩子在交往时更容易受到别人的喜爱和欢迎，孩子的身心也能得到更和谐的发展。妈妈一定不要忽略了这方面的教育，不要让孩子输在语言上。

第十章
好妈妈需掌握的亲子交流方法

　　好妈妈应正确有效地和孩子进行沟通和交流，让孩子在和妈妈的沟通中受到启发和教育，增进亲子关系。不过，沟通有时候并不是单指语言方面的交流，很多时候，表情、肢体语言同样也很重要。如果妈妈能合理利用这些交流方法，相信一定会拉近和孩子之间的关系的。

妈妈应用好"表情符号"

面部表情是人类心理活动的反应，人的各种情感都可以通过面部表情表现出来，它是世界通用的语言，不分男女老少。美国语言学家艾伯特·梅瑞宾有一个著名的沟通公式：沟通效果=7%语言+38%声调+55%表情。从这个公式中可以看出面部表情在人际沟通的过程中是很重要的，它是人们理解对方情绪状态比较有效的一种途径，是非语言沟通中较丰富的资源。

很多妈妈都可能会有这样的感受：有时候孩子做了一件搞笑但又让人生气的事，妈妈忍不住骂了孩子一句，但是心里对孩子的行为感到很好笑，这时候孩子不但不害怕，反而对着妈妈吐舌头、做鬼脸；而有的时候，妈妈觉得孩子犯了比较严重的错误，虽然忍住了没对孩子发火，但是严肃的表情和铁青的脸色却让孩子很是畏惧。因此，很多时候对孩子影响较大的很可能是妈妈流露出的情绪，而不是妈妈说出的话。

在心理学上有一个名词叫"镜像自我"，意思是孩子通过观察别人的脸色和反应来确定别人对自己的评价，从而使孩子由从别人的反应来形成自我的评价，简而言之，就是别人对他什么评价，他就会认为自己就如别人评价的那样。所以妈妈在和孩子交流的时候要注意自己的表情，不要对孩子形成不好的影响。

有一只小海鸥，刚出生的时候体格就特别的小，但海鸥妈妈觉得小海鸥以后会慢慢和其他的海鸥一样正常的。可是天不从人愿，小海

妈妈改变1%，孩子改变100%

鸥并没有像其他海鸥一样强健，并且随着其他海鸥的成长，小海鸥显得更弱小了，以至于妈妈也不像当初对小海鸥那么自信了。周遭的海鸥都认定它不能飞，小海鸥很伤心，于是跑去问妈妈："妈妈，我真的不能飞吗？"小海鸥边哭边说。

"乖，不哭了，别忘了你也是有翅膀的，有翅膀怎么能不会飞呢？"妈妈虽然口中这么安慰着小海鸥，但心里却担心得很，不自觉地皱起眉来。

"真的吗？"小海鸥听到妈妈的话感觉好多了，但是妈妈紧皱的眉头说明它也在担心自己很可能不会飞，这让小海鸥觉得自己真的不会飞，因而它也就打消了尝试去飞的念头。

有一天，同伴的嘲笑让小海鸥离群独自觅食，它正在岸边慢悠悠地走着，突然一只大蛇飞快地游了过来，张开大嘴想把小海鸥吃掉。仓皇之间，小海鸥一下子张开翅膀，拍打着竟然飞了起来。可是飞着飞着，小海鸥突然想到自己不会飞，于是刹那间，翅膀僵硬了起来，然后"啪"地一声，摔落到了地上……

这虽然只是一个童话故事，但是由于小海鸥在自己飞的时候因想到别人对自己的评价，想起连自己的妈妈都怀疑自己的飞翔能力，从而变得不会飞了。这个故事真实地反映了他人的评价和表情对一个人的重要性。尤其是孩子，在人生观和价值观尚未形成的时候，难以用正确的态度对待别人的评价。而妈妈的评价和日常生活中对待孩子时的言谈举止对孩子来说又是比较重要的，因此妈妈可以多利用积极的表情语言与孩子交流，多给孩子一些合理肯定的评价，让孩子朝着自信、积极的方向发展。

首先，妈妈应多对孩子微笑。曾有人说过：微笑是人间最美的语言，会给人一种亲切友好的感觉。而妈妈的微笑还会让孩子感到妈妈对他无私的爱。在家庭生活中，微笑具有神奇的力量，可以横跨两代人之间的距离，消除妈妈与孩子之间的矛盾，也可以作为对孩子的欣赏与鼓励。

小红成绩一直不错，但最近不知为何数学成绩总不理想，妈妈担心孩子的成绩，于是向老师咨询，老师说："这很正常，很多女孩子都是偏向于文科，理科差点。课下多努力一下就可以了，小红是个勤奋的学生，不必太担心。"

但妈妈却没老师那么乐观，因为小红是个要强的孩子，什么都不愿落人之后，如果数学成绩一直不好的话，妈妈担心小红心里会承受不住。于是，妈妈每天都努力在家中营造一种轻松的氛围，想让小红少点压力。

而小红最近总觉得家里哪里不一样了，却又说不出来是哪里变了：家里的摆设并没有变化，最近也没有什么大事发生，可是每天回家后的感觉就是不一样。

"小红，回来啦，快来尝尝妈妈发明的新菜。"小红一进门，妈妈就微笑着接过小红的书包，把小红拉到沙发上坐下。

"嗯，妈妈做的东西越来越好吃了，害得我每天都想多吃一点，都把我吃胖了。"受妈妈的感染，小红在学校紧张的心情立刻就放松了，忍不住笑着和妈妈贫起嘴来。

"你这小没良心的，妈妈每天那么辛苦给你做饭，生怕你吃不好，你却怨妈妈把你变胖了！"妈妈佯装生气的样子白了小红一眼。

"我哪有啊，谁都知道我最喜欢妈妈了！"小红撒娇地说道。

"好了，你这小鬼，就知道哄妈妈开心！吃完东西快去做作业吧。"

听到作业，小红高兴的样子立刻不见了。

"'冰冻三尺非一日之寒'，成绩要提高也是需要时间的。别灰心，我们的小红永远是最棒的！"妈妈给了小红一个鼓励的笑容。

看到妈妈的表情，小红顿时心里感到一阵温暖，对自己也有了信心。而此时，小红终于知道最近家里哪里不一样了：妈妈经常对她微

妈妈改变1%，孩子改变100%

笑，让她觉得很亲切。

而后，小红在遇到困难的时候，总会想起妈妈的微笑，让她努力地坚持下去，期末的时候，小红终于摆脱了数学成绩不好的阴影，取得了全班第二的好成绩。

小红成绩的提升和妈妈的鼓励是分不开的，回家后妈妈的笑容能让小红忘记学习的压力。其实，每个孩子放学回家都希望能见到妈妈的笑脸，感受到和谐的家庭气氛。所以，妈妈们要学会在孩子面前收起严肃的表情，慷慨地对孩子微笑吧。

其次，妈妈要善于和孩子进行眼神交流。眼睛是心灵的窗户，人们透过眼神可以把内心的情感、学识、品行等信心传给别人，达到沟通的目的。很多时候妈妈虽然没说话，但不经意间流露出的眼神却能让孩子感到妈妈内心有什么想法，比如：妈妈在听孩子说话时，不由自主地瞪大了眼睛，而孩子就会知道他的话让妈妈感到吃惊。妈妈在孩子面前应尽量保持温和、亲切的目光，让孩子感到轻松愉快。

最后，妈妈可以试着做一些诙谐的表情。妈妈们不要觉得做一些滑稽的表情会有损做妈妈的威严，其实威严不一定就能教育好孩子，而俏皮搞笑的表情却可以拉近和孩子之间的距离，让孩子觉得可以对父母像朋友一样开玩笑，这样就能营造出一个欢快的家庭气氛，相信这是大部分孩子共同的梦想。

妈妈的"暗示交流法"

暗示就是不直白地表示意思，而是用含蓄的言语、示意的举动或制造某种气氛、景象使人领会。其实生活中的每个人都会时不时地运用暗示，或者接受他人的暗示。而在亲子交流的过程中，暗示性交流同样存在，可以说暗示是妈妈与孩子交流时不可缺少的一种交流方法。

由于孩子的年纪比较小，性格的可塑性比较强，比较容易接受妈妈的暗示，因此妈妈在平时的潜移默化中应给孩子以积极的暗示，让孩子形成良好的性格。而且有时候孩子对于妈妈过多的唠叨产生反感，而为了避免这一情况的发生，妈妈也可以通过暗示让孩子明白他的不足之处，这种方法简短，但却能让孩子印象深刻。

孔子的儿子伯鱼与其他学生一起在孔子的门下学习。一天孔子站在堂前，伯鱼轻轻地走过庭院，孔子问："你学过《诗经》吗？"

伯鱼答道："没有。"

孔子说："学不好《诗经》就不会典雅的语言。"

于是，伯鱼退下之后就开始专心地学习《诗经》。又有一天，孔子一人站在堂前，而伯鱼刚好经过，孔子问："你学过《礼》吗？"

伯鱼回答说："没有。"

孔子说："不好好学习《礼》，就不会懂得为人处世的准则。"

所以，伯鱼退下之后又专注地学《礼》。一天，孔子的一个叫陈亢的学生见到伯鱼。"你在你父亲那里是否还听到一些我们没听过的教导呢？"陈亢带着怀疑的口气问伯鱼。

"没有。"伯鱼干脆地回答。然后伯鱼把两次父亲在堂前的教诲告诉了陈亢，并补充道："我私下就接受过这两次教导。"

陈亢回去之后非常高兴地说："今天，我问了一个问题，却得到三点教益：一是我明白了《诗经》的重要性，二是明白了《礼》的重要性，三是明白了品德高尚如孔子的人对自己的孩子也不偏心。"

从这个故事中，我们可以看出，孔子在教育孩子的时候，非常善于运用暗示，对于陈亢，在故事中两人并没有直接的对话，但是孔子的教诲陈亢却都感受到了。苏联教育家苏霍姆林斯基曾说过，任何一种教育现象，孩子在其中感受到的教育者越少，对孩子的教育效果越大。而这位苏联教育家的话正是对孔子教育的另一种解释。

多数的孩子对于妈妈批评的话都比较反感，而暗示性的语言往往能够引导孩子，避免说教孩子引起的不快，让孩子更容易认识到自己的错误并改正。那么，在日常生活中，妈妈该如何正确地使用暗示方法呢？

首先，妈妈可以用语言暗示孩子。暗示性的语言不会让孩子感到丢面子，所以在让孩子改正错误的同时，不会伤害到妈妈与孩子之间的良好关系。比如，当妈妈发现自己的孩子在跟比他小的孩子抢东西时，妈妈可以说一句："宝贝，妈妈给你讲过孔融让梨的故事吧！"这样孩子就能很快意识到自己该怎么做了。

小伟最近不爱吃饭，还经常挑食，这让希望孩子营养均衡的妈妈很头疼。奶奶担心宝贝孙子，每顿饭都是又劝又哄的，可是小伟依然不爱吃饭，这可急坏了奶奶，但是却又没什么好办法。

一天，小伟请他的好朋友小刚来家玩，中午妈妈热心地留小刚吃午饭。吃饭的时候，妈妈发现身材魁梧强壮的小刚什么都吃得津津有味，一点也不挑食，妈妈觉得这是个好机会。于是妈妈故意很惊讶地说："小刚，你长得可真高大强壮啊！我猜你是你们班最强壮的吧，你是不是从小就不挑食啊？"

"对呀，妈妈说吃得多才会长得壮，长得健康。阿姨，你做饭真好吃，我今天想再多吃点。"

"哎呀，要是我们家小伟也像你这样吃饭的话，以后也一定能跟你一样高呢！"妈妈有些遗憾地说。

小伟听了妈妈的话，再也不像以前吃饭那样挑挑拣拣的了，每次吃饭的时候都是很努力地将满满的一碗饭吃光。

对于挑食的孩子，有时候妈妈想方设法强迫孩子吃饭，孩子的叛逆心理可能导致孩子更加讨厌吃饭，强攻不行，妈妈不妨想办法"招安"。说话本身就是一种艺术，而暗示性的语言就更需妈妈用心琢磨其中的技巧，然后运用到亲子交流中，与孩子更好地沟通。

其次，妈妈应学会用行动暗示孩子。行动是一种无声的语言，但是妈妈却可以通过行动告诉孩子什么样的事情该怎么做。可以说，行动暗示有时候起到的是一个榜样的作用。

小辉从小就喜欢玩水，有一次让他洗澡，他却在浴室里玩起水来，一个小时都不出来，妈妈担心地去浴室看小辉是不是有什么事，结果看到的却是小辉在浴盆外站着，而浴盆里则满是她前两天教小辉叠的纸船！纸船有大有小，小辉还按大小把纸船排好，让它们在"大海"中航行。

对于小辉的这一爱好，妈妈不知该如何是好，幸好小辉只是偶尔玩一次"大海航行"，而妈妈也就没再多说什么。今天，小辉的表弟来家里玩，不知怎么小辉玩水的兴致又来了，但是由于表弟在场，妈妈也就默许了孩子的行为。但是小辉和表弟玩完之后，浴室的地上已经都是水了，而两人玩完之后又去玩别的了，并没有收拾的意思。

于是，妈妈一声不响地拿起拖布，把浴室仔仔细细地拖了一遍，然后把小辉玩剩的水倒掉。一切收拾妥当了，妈妈才从浴室出来。小辉虽然一直在玩，但却把这一切都看在眼里，记在心里。等送走表弟之后，小辉主动向妈妈道歉。"为什么要向妈妈道歉呢？"妈妈温柔地问道。

"妈妈，我不该在浴室玩完水后，不收拾就去做别的。"

"好孩子，知道就好，妈妈并没有责怪你的意思啊。"妈妈温和地笑道。

在小辉玩完水后，妈妈沉默主动地打扫浴室，这对小辉来说，其实就是一种无言的教育，意在告诉小辉：想玩水，就要在事后打扫浴室，对于其他的事情也一样，做事情是要承担后果的。在公共场合，用行动语言教育孩子是个很好的方法，妈妈就是因为表弟在场，用行动语言去告诉孩子该怎么做，既保住了小辉的尊严，又教育了孩子。

最后，妈妈注意不要给孩子消极的暗示。比如孩子回家后，妈妈经常会问："今天在学校高兴吗？有没有发生不开心的事情啊？告诉妈妈，让妈妈帮你分析一下。"这样的话会让孩子忽略好的事情，而多去抱怨不好的事，这其实就是一种消极的暗示。因此，妈妈应多问孩子一些轻松愉快的话题，这样会让孩子保持好的情绪。

和孩子约法三章

不少妈妈都有迁就孩子的习惯。孩子想要个变形金刚的玩具，可是家里已经有不少玩具了，最后妈妈经不住孩子的软磨硬泡，答应了孩子，虽然嘴里说着"这是最后一次"，可下次孩子又想要的时候，妈妈又忍不住答应了孩子……暂时先满足他，下次就不会由着他来了，很多妈妈总是这么想，可是总在最后一刻心软，让孩子一次次得逞，甚至变本加厉。

虽说妈妈这么做也是爱孩子的一种表现，但这并不是一份健康的爱，甚至是一份阻碍孩子健康成长的伤害。犯罪心理学家李玫瑾教授说："妈妈对孩子过分的关爱，不仅不会让孩子懂爱，反而会让孩子觉得自己是父母的中心，继而变得自私、冷酷。"

在网上曾有一个这样的故事，一个十几岁的男孩买衣服一定要名牌，鞋也要名牌，妈妈劝他说："孩子，咱家的条件你也知道，你现在每天只是上学，妈妈觉得没必要穿这么好的衣服……"

"为什么别人能穿那么好的衣服，我就不能穿？"没等妈妈说完，孩子就生气地反驳道。

"可是你这个样子，爸爸妈妈实在供不起啊……"妈妈心酸地说。

"为什么别的妈妈有能耐让孩子过上好的生活，你们就不行？"孩子一点也不体会妈妈的感受，"还有，我的手机该换了，我下星期就要买个新的！"孩子蛮横地向妈妈提出要求。

"可你的手机不是还能用吗？"妈妈望着不久前才给儿子买的手机。

"你没发现这手机已经旧了吗？"孩子斜着眼看着妈妈。

妈妈没办法，省吃俭用又一次满足了孩子的要求，可孩子拿到新手机后的第一句话不是"谢谢"，而是埋怨妈妈没按时给他买，让他好几天在同学面前都觉得没面子。妈妈对于孩子的无理并没多说什么，只希望孩子能好好学习，将来有出息。

但是，孩子的要求不只如此，后来又要妈妈给他买电脑，妈妈说："你还小，用电脑的地方不多，以后再买吧。"

可孩子坚持要妈妈给他买，妈妈觉得不能再这样下去了，坚决拒绝了孩子的要求，可孩子却以跳楼来威胁妈妈……

孩子一次次地向妈妈索求，妈妈一次又一次地破例，最终造就了孩子自私的性格，不懂得尊重妈妈，不理解妈妈的良苦用心，事事以自我为中心。妈妈以为对孩子的爱，孩子可以感受得到，却没想到孩子不但没有丝毫感觉，反而变本加厉地向妈妈要求更多，这是溺爱的悲哀，更是溺爱的罪过。

因此，妈妈在满足孩子要求的时候应把握一个度，当孩子的要求超过妈妈心中底线的时候，妈妈应学会拒绝孩子，不要让过分的爱害了孩子。而拒绝的方法之一就是在孩子提出要求之前，让孩子明白妈妈可以接受的底线，也就是事先与孩子谈好条件，该要的妈妈自然会给，不该要的坚决不给。那么，妈妈该如何事先与孩子讲好条件呢？

首先，妈妈应让孩子认可事先定好的条件。妈妈若想和孩子约法三章，那么首先就要让孩子认可这个章法，让孩子认可的好办法就是跟孩子一起定制"条约"，这样既可以避免妈妈的专制，又可防止出现孩子的不合理要求，比如，吃零食不好，妈妈就想一点也不给孩子买，这时孩子就可以为自己争取一点权利；而当孩子有很多新衣服，还想买的时候，妈妈就可以加上限制孩子买衣服的条款。双方达成协议之后，那么这个条约就合法了，也就是说可以执行了。

其次，妈妈应将条约付诸行动，并坚决遵守。只有将条约应用到生活中，才能对孩子起到制约的作用。履行条约的时候妈妈应坚持遵守，不能心软破例，否则，这个条约会很快在妈妈的妥协中失效。

小影最近很喜欢吃雪糕，各种口味的都要尝尝，遇到比较喜欢的，会一连吃好几个，妈妈担心小影会吃坏肚子，于是在吃过晚饭后打算跟小影定个"雪糕条约"。

"小影，最近你吃雪糕的数量有点多哦，妈妈很担心你会吃坏肚子的。"妈妈关心地说。

"放心吧妈妈，我的肠胃很好的。"小影一下子看出妈妈的意图，委婉地回绝掉了。

"但是，你吃雪糕的钱已经影响到家庭支出了，所以妈妈必须要限制你吃雪糕的数量，除非你自己出钱买。"妈妈一本正经地说。

"不是吧，老妈，这个账你也要算啊？"小影一脸沮丧地说。

"那是当然了，剩下的钱是给你上学用的，你能让学校减免学费吗？"妈妈很现实地回答道。

"好吧，我少吃点总可以了吧。"小影没好气地说。

"我们定个条约怎么样？"妈妈建议到。

"定条约？成！怎么定？"小影觉得订个条约很有意思，就干脆地答应了。

"平时上学每天一个，周末一个，怎么样？"

"好吧。"每天一个还是比较符合小影的要求的。

"如果你今天没吃，下次可以补上，但是超过总数，妈妈就会剥夺你吃雪糕的权利。"妈妈补充道。

"成交。"小影觉得妈妈的提议还是比较合理的。

但是第二天小影就后悔自己答应得太早了，因为她又发现了一个新口味的雪糕，小影急切地想尝尝它的味道，可是她中午的时候已经吃了一个了。于是回家后小影就开始对妈妈软磨硬泡，妈妈故意用冰冷的口气说："这次吃可以，但是按照规定下周就没有了。"

小影蹭了一鼻子灰，只好悻悻地走开了，当然她也知道妈妈这次是玩真的了，所以小影只好"按规定办事"了。不出一个月，小影就不再像以前那样看到雪糕就想吃了。

爱吃雪糕对身体不好，于是妈妈就想办法与小影定了个规定来限制小影吃雪糕的数量，并且在小影企图打破规定的时候坚决地拒绝了小影，让小影改掉了见到雪糕就想吃的习惯。所以，有的时候妈妈为了爱孩子，就必须对孩子"狠心"一下，才能达到真正为孩子好的效果。

最后，妈妈要让孩子知道不遵守条约的后果。有的孩子抱着半认真的态度和妈妈定条约，以为不遵守条约妈妈也没办法，就想挑战妈妈的底线。那么妈妈就可以清楚地告诉孩子："既然你不讲信用，说到的没做到，那么妈妈也没必要跟你讲信用了，当初答应你的游戏机，妈妈也不打算买了。"孩子知道不遵守的后果会让自己损失更多利益的时候，自然就会配合妈妈老老实实地遵守条约了。

拒绝孩子，妈妈要以理服人

生活中经常见到这样的景象：孩子今天跟妈妈要这个，妈妈答应了，可明天孩子又要别的，总不能孩子要什么就给什么吧，于是妈妈就拒绝了孩子，对于妈妈的拒绝年纪小一些的孩子可能就跟妈妈哭闹起来，大一点的孩子就可能要跟妈妈"闹决裂"了。

对于孩子这样的反应，很多妈妈都希望能让孩子多懂点事，却又苦于没办法，有的妈妈最后只好选择妥协，有的妈妈可能会采用粗暴的方式当场教训孩子一顿，这两种方式无论哪一种都会对孩子造成不好的影响。对孩子妥协，孩子下次可能还会用同样的方式来"要挟"妈妈；采用粗暴的方式，可能会让孩子畏惧妈妈，造成亲子关系冷淡。

小印上初一之后，看到班上其他同学每天都会买很多零食吃，虽然妈妈担心小印吃不饱，每天也都会让小印带点吃的，但小印总觉得自己的零食不如别人的好。每天看到其他同学在学校旁边的超市拎着一大堆零食去教室，小印在心里羡慕不已，希望自己有一天也能像其他同学一样，在学校旁边的超市买零食。

于是小印回家后，就跟妈妈说："妈妈，以后不要给我买零食了，直接给我零用钱吧，我想自己到学校买。"

"啊？可以。"在家买和学校买不一样吗？妈妈虽然很诧异，但还是答应了小印，也许自己买的女儿不喜欢吧，妈妈想。

但是，到了学校之后，小印就开始抱怨妈妈太小气了，别人一买一大包，可妈妈给的钱却只能买一点点。拎着那么一点零食去教室，小印觉得很不好意思，甚至觉得别人都在背后说她没钱买吃的，所以小印立刻决定，回家后多向妈妈要点零用钱。

"妈妈，你给的钱太少了，买零食都不够。"小印一回家就开始向妈妈要钱。

"我就说要你早饭多吃点，就是不听，在学校饿了吧？"妈妈关心地责备道。

"这跟早饭没关系，你知道看着别人买一大包零食，自己却拎着那么一小点，那多没面子吗？"小印不高兴地说。

"你买零食不是为了吃，只是为了和别人比？"小印的想法让妈妈诧异极了。

"当然也吃了，但总不能那么没面子吧？"小印虚荣的心理此时彰显了出来。

"小印，吃个零食怎么跟面子扯上关系呢，你太虚荣了。"妈妈一针见血地指出小印的毛病。

"不就向你要点钱吗，怎么那么多事啊！"听到妈妈这么说自己，小印很不高兴。

"你这孩子怎么跟大人说话呢？我是不会随便给你钱让你四处炫耀的！"小印的话让妈妈生气了。

小印见妈妈不但不给钱，还说自己虚荣，也很生气，气呼呼地走开了。

故事中的小印的确有些虚荣的倾向，怕同学看到自己的零食少认为自己没钱而嘲笑自己，这的确是一种不健康的心理，作为妈妈也的确应该帮孩子矫正，但是妈妈不应该直接说孩子虚荣，对这种不留面子的评价，即使成人都比较难以接受，何况一个尚处在叛逆期的孩子。所以最后造成了很不愉快的结果，不仅没有解决孩子爱慕虚荣的问题，还造成了母女间的不快。

由小印的故事可以看出，当孩子提出不合理要求的时候，妈妈应耐心委婉地给孩子指出不合理的地方，而不是直接说孩子不好。妈妈应以一种孩子愿意接受甚至喜欢接受的方式去给孩子讲这些道理，这样才能达到事半功倍的效果。

首先，妈妈应让孩子明白其要求不合理的地方。很多孩子之所以会对妈妈提出过分的要求，是因为他们的是非观念还比较弱，很多时候都是根据自己一时的兴趣、爱好而向妈妈提出要求，因而不能考虑到常情常理。而妈妈要做的就是根据当时的情况，为孩子分析他的要求，若是合理，给予支持，并告诉孩子合理的地方，那孩子以后就会向着合理的方向考虑问题；对于不合理的，要给孩子指出来，并告诉孩子不合理的原因，还要让孩子明白，不合理的要求是绝对不会被满足的，这样孩子以后就不会提出同样的要求了。

其次，妈妈可以告诉孩子不合理要求的后果。让孩子知道他做的每件事都是要承担一定后果的，比如，孩子很喜欢看某个电视剧，但是时间已经很晚了，孩子还想再看一会儿，这时妈妈就可以给孩子分析说："你想看电视妈妈可以理解，但是你有没有想过，如果这么晚你还不睡的话，明天早晨你就难以按时起床，说不定会迟到；而且你上课的时候，就会效率低，可能需要周末补习，那你以前的周末计划就泡汤了。"等孩子知晓了所要承担的后果，很可能就会放弃之前不合理的要求了。

小津是个游戏迷，平时只要写完作业，小津就会坐在电脑前玩游戏，每到吃饭的时候，都是"千呼万唤始出来"。虽然小津的成绩还不错，但是老玩游戏总是不太好啊，何况小津还时不时地要钱买游戏里的装备，那也是笔不小的支出呢。

"老妈，能不能赏小的钱啊，最近手头有点紧……"小津最近游戏升级，又要买装备。

"这个恐怕不能吧……"妈妈摸着下巴说道。

"为什么啊？"

"小津啊，最近爷爷奶奶的身体不太好，你也是知道的，而且这次住院又花了不少，咱家的经济已经很紧张了。"妈妈看了一眼小津，接着说道，"如果再向你的游戏投资的话，那咱家明天就要喝西北风了。"

"没那么严重吧……"小津有点动摇了。

"这是这个月的支出，不信你可以看看，这个月我跟你爸的工资被花得一分不剩。"妈妈把家里的账本拿给小津看。"小津，妈妈不反对你玩游戏，但是你自己得掌握一个度，你这次的成绩好像有些下降的趋势哦。"妈妈意味深长地看了小津一眼。

小津知道妈妈的意思，因为他最近老顾着玩游戏，作业很多都是抄的，所以考试的时候不大会。于是在妈妈的暗示和家里条件的限制下，小津很快就控制住了自己的游戏瘾。

在小津想把家里的钱用在游戏装备上的时候，妈妈为了限制孩子以防孩子对游戏过分着迷，把家里的支出情况告诉小津，意在告诉小津他的花销已经影响到家里的正常生活了，而且还暗示小津，他因为玩游戏已经耽误了学习，用现实的后果告诉小津玩游戏不好。

最后，妈妈应注意讲道理的方式。很多时候，同样的话用不同的方式说出来，就会起到不同的效果，如果妈妈对孩子提的要求很气愤，于是用很粗暴的口气对孩子说："我平时怎么教育你的，不是告诉你家里的衣服已经够你穿的了嘛！怎么不见你学习这么积极！"相信没有哪个孩子愿意接受这样的教育。而如果妈妈这样对孩子说："孩子，你的衣服咱家的柜子都快放不下了，等把那些穿旧了，咱再买好不好？你的很多同学不也穿去年的衣服吗？也不是很旧，对不对？咱就当作节俭一回吧！"如果妈妈们这么和颜悦色地对孩子，孩子自然就会心平气和地听妈妈讲道理。

延迟满足，克制孩子的欲望

对于孩子提出的一些物质上的要求，很多妈妈会很快答应并马上满足。其实，如果妈妈能适当地延迟满足孩子的要求，就可以使孩子养成耐心等待的好习惯，还能提高他们的自控能力。

有一天，在美国得克萨斯州的一个小学校园里，来了一个心理学家。他请三年级的老师从班上随机选择了8名学生，又让老师把他们带到了一间空教室。

心理学家给每个孩子发了一粒包装精美的糖果，并告诉他们，"这些糖果属于你们，你们随时可以吃掉它，但如果谁能坚持到我回来以后再吃，就会得到两粒同样的糖果作为奖励。"说完，他就和老师一起离开了。

时间一分一秒地过去，糖果对孩子们的诱惑越来越大，终于，有一个男孩剥开了糖纸，把糖果放在嘴里吃起来，一边吃一边发出"啧啧"的声音。在他的影响下，又有三个孩子忍不住了，他们纷纷剥开糖纸，把糖果吃掉了。另外的四个孩子仍在坚持着，一直等到四十分钟之后心理学家回来。当然，这些耐心等待的孩子得到了应有的奖励。

这是一个关于延迟满足的例子，延迟满足就是我们常说的"忍耐"，是人们为了获得更大的享受，克制自己的欲望，放弃眼前的诱惑。事例中的心理学家关注这些孩子整整20年,他发现,那几个能够耐心等待的孩子都成为适应能力强、具有冒险精神、受人欢迎、自信、独立的人,在学习中,他们的每科成绩都要比那几个坚持不住的孩子高百分之二十左右;参加工作之后,他们从来不在困难面前低头,总能走出困境获得成功。而那些先把糖吃掉的孩子,则更多地显示出孤僻、固执、容易受挫、优柔寡断的倾向。

延迟满足可以帮助孩子学会忍耐和等待,也可以让他知道,这个世界不是为他一个人准备的,他想要的东西并不能唾手可得。很多妈妈因为溺爱孩子,对孩子提出的要求总是毫不迟疑马上满足,导致孩子越来越没有耐心,而妈妈又会把孩子的忍耐力差归咎为"天生急脾气"。其实孩子的性格都不是天生的,而是通过后天的培养形成的。因此,在面对孩子的物质要求时,妈妈要善于运用延迟满足策略,只有孩子在期待中获得满足,才会对来之不易的东西加倍珍惜。

延迟满足可以让孩子学会自我控制。如果孩子没有自控能力将是很可怕的,比如,他想去网吧玩游戏,可又需要上学,没有自控能力的话他就会逃课、欺骗老师;或者他想拥有一个玩具,妈妈不给买,他就会去偷,这样下去,等他长大以后,他就有可能会去抢劫,走上犯罪道路。这一切都是因为孩子从小缺乏延迟满足的培养,自控能力差。据犯罪心理学家研究得出结论,90%的杀人案件是因为冲动而不是预谋,可见,自控能力对于孩子来说是非常重要的。

美国心理专家丹东尼博士说过:"一个人能取得多大的成就主要取决于他情商的高低。"情商要比智商更重要,而人的情商中很重要的一个方面就是自控能力。能够延迟满足的孩子自我控制能力都很强,他们能够在没有外界监督的情况下适当地控制、调节自己的行为,抑制冲动,抵制诱惑,坚持不懈地保证目标的实现。

培养孩子延迟满足的能力离不开妈妈的鼓励。美国斯坦福大学心理学教授沃尔特·米歇尔建议:妈妈要帮助孩子把延迟满足变成一种习惯,在

妈妈改变 **1%**，孩子改变 **100%**

日常生活中培养他们的自控能力。妈妈要给孩子制定一些规矩，如饭前不能吃零食，没写完作业之前不能看电视等。

  三年级男生浩浩最喜欢看动画片，妈妈规定他一天只能看一集。浩浩每天放学后回到家的第一件事情就是打开电视，拨到少儿频道看动画片，吃完晚饭后，妈妈催促多次他才会不情愿地去做家庭作业，因为一心还想着动画片里的内容，他的作业经常出错，学习成绩也很差。

  这一天，浩浩回家后，妈妈说："浩浩，从今天开始，如果你回家之后先看动画片，就还是只能看一集，要是写完作业而且没有错误的话，就可以连着看三集，你想什么时候看呢？"

  浩浩很想马上打开电视机，但连看三集动画片对他的吸引力更大一些，他决定写完作业再看。半小时之后，浩浩的作业写完了，妈妈发现他写得很认真，只出现了一点儿小小的错误，就对他说："有很多人都因为自控能力强，成就了一番事业，妈妈相信你以后也会成功的！你的作业完成得不错，现在可以去看动画片了。"

  听了妈妈的话，浩浩开心极了，从此以后，他每天回家之后总要先把作业完成之后再看电视，而且他的学习成绩也渐渐提高了。

孩子的好习惯都是一点一点养成的，妈妈的鼓励会对此起到非常积极的作用。就像事例中的浩浩妈妈，她在孩子有进步的时候及时对其给予鼓励和肯定，使得孩子的进步越来越大。

  如果孩子想要一样东西，妈妈可以向他承诺，这次要的话只能得到一样，但要是等待下次就可以选择两样，以此来延迟孩子的满足感。

  周六到了，12岁的西西陪妈妈到超市购物。她看到了许多穿着漂亮衣服的芭比娃娃，非常喜欢。

西西对妈妈说:"妈妈,我想要一个芭比娃娃,您可以给我买吗?"

妈妈说:"西西,今天妈妈带的钱不够,如果你现在想要,妈妈只能给你买一个,你要是能坚持到下周六,妈妈就给你买两个不一样的芭比娃娃,你确定要现在买吗?"

西西想了想,说:"那我可以等到下周再买。"

过了一个星期,妈妈果然带西西来买了两个娃娃。

妈妈在承诺过孩子之后,应该像西西的妈妈一样信守诺言,满足孩子。否则,孩子就会不信任妈妈,也就无法形成延迟满足的习惯。

妈妈培养孩子延迟满足的能力要遵循慢慢递进的原则,不能急于求成。比如,刚开始要从一分钟开始,再逐步延长时间。妈妈不要期望孩子一开始就能等待一个星期或更长时间,只要孩子愿意等待,而且他的等待时间在不断延长,这就是很大的进步了。

奖励孩子也要多样化

孩子有进步了、懂事了,妈妈总是要给予一点奖励,但奖励孩子什么呢,妈妈又开始发愁了。精神奖励当然比较重要,给孩子一定的荣誉、一句赞扬的话、一个拥抱等,既简单又能起到很积极的作用。除了精神鼓励外,还要适当给孩子一些物质奖励。而且,不论是哪种方式的鼓励,形式都不能单一化,否则会让孩子对奖励失去兴趣,让妈妈在教育孩子中遇到难题。因为,奖励孩子是为了增强孩子的自信心和成就感,让孩子进步得更快,如果孩子厌烦你的奖励,那么你的奖励可能就要失效了。

妈妈改变1%，孩子改变100%

"薇薇，听说昨天妈妈不在时你帮妈妈打扫卫生了？"晚上看电视的时候，妈妈笑着问女儿。

"是啊，妈妈平时太累了，昨天您又不在家，我不帮忙怎么行啊！"薇薇边看电视边说。

"嗯，我的薇薇真的长大了，知道心疼妈妈了。不错，来奖励你100元钱。"妈妈说着从钱夹里取出一张100元的钞票递给薇薇。

妈妈原本以为薇薇会非常高兴，没想到薇薇却推开她的手，生气地说："妈妈，我不想要钱，您每次都把钱当作奖品，能不能换点新鲜的！"

"有了钱你就可以买自己喜欢的东西啊，你怎么这么傻呢？"妈妈诧异地问。

"我不是傻，我也知道钱能买到自己喜欢的东西，但是，我更希望看到妈妈给我不一样的奖励。"薇薇说完后干脆站起来回自己的房间去了。

过了一会儿，爸爸下班回来，妈妈便急忙问："女儿不希望我用钱奖励她，那么我该奖励她点什么呢？"

"你啊，就知道给钱，还好女儿没有被你培养成财迷。你动动脑筋，给她一个心仪的小礼物，带她出去玩玩儿，或者实现她一个愿望都可以。每次都是100元钱，换作是我，我也会腻烦的。"爸爸笑道。

"哦，这样啊，奖励孩子还有这么多讲究？"妈妈笑着说。

"当然啦，你不知道，在学校里，老师为了鼓励学生们，经常换各种奖品来吸引学生，奖品新鲜才更有诱惑力。就管教孩子来说，你要学的东西还有很多。"爸爸取笑妈妈道。

"原来是这样啊，我明白了。"妈妈大声笑道。

故事中的妈妈奖励方式很单一，不论女儿成绩进步了还是懂事了，都奖励女儿金钱，这种奖励起初还很有吸引力，但时间一长，女儿便开始反感了。其实，妈妈奖励孩子的方式有很多，如陪孩子进行一次旅游、吃一顿大餐、看一场电影、给孩子买一件新衣、讲一个故事、给孩子一段自由支配的时间等。孩子大都比较单纯，欲望也并不强烈，只要妈妈多用心，很容易就能满足他们的要求。妈妈奖励孩子，最主要的目的是与孩子一起分享成功的喜悦，鼓励他们更上一层楼。所以，奖励孩子的方式要多样化，这样才能让孩子对妈妈的奖励产生兴趣，并争取取得更大的进步。

著名心理学家斯金纳曾经说过："奖励孩子要有变化性，不定期的是最有效果的，同时奖励的手段要多元化，尽量让奖励变成孩子的内部动机而不只是一种外部的物质吸引。"因此，妈妈在奖励孩子时，尽量不要给孩子太多金钱或昂贵的礼物，而是可以让孩子玩得更久些，迟点上床等。当孩子追求某种爱好、技能时，妈妈可以给予支持、鼓励，并创造条件让他学习，这是一种很有意义的奖励方式。

妈妈给孩子的奖品要尽量有创意，不能总是把糖果、玩具、书籍等作为奖品，奖品有时可以是一句赞美、一个拥抱等。而且还要想办法给孩子一些惊喜，让孩子对妈妈下一次的奖励充满期待，从而更加主动地提升自己。

"宝贝，来看看妈妈的杰作！"儿子过生日的时候，妈妈把儿子在各杂志、报纸上发表的文章做了一个汇总，共有7篇，然后把这7篇文章剪下来贴在了一张奖状上，打算把这张奖状当作奖品送给儿子。

"咦，这不是我写的文章吗？"儿子接过奖状，高兴地说。

"对，就是你写的文章，妈妈都收集好了。看看奖状的背面是什么？"妈妈笑着对儿子说。

"肖亮亮同学：你在2013年勤奋努力，发表的《我爱妈妈》等7篇优秀文章获得优秀奖，特此向你表示祝贺。希望你在新的一年里更加努力，取得更优异的成绩。——爱你的妈妈。"儿子小声地读道。

"这是我们送给你的生日礼物，也算是奖励你这段时间的努力，怎么样，喜欢吗？"

"好特别的礼物啊，我很喜欢！谢谢妈妈。"儿子抱着奖状，高兴地说。

奖励孩子的方式有很多种，故事中的妈妈就很用心，把孩子的成绩做个汇总，并以奖状的形式展现出来，是一个非常不错的方法，既新颖又有意义。

奖励孩子的时候，妈妈可以给孩子一些主导权，让孩子选择一件自己喜欢的奖品或者想做的事情，这是最受孩子们欢迎的奖励方式之一。例如，当孩子需要奖励时，可以让他和伙伴们出去玩一会儿或者允许他多看一会自己喜欢的电视节目等。

此外，妈妈还可以对孩子采用形式奖励和机会奖励。比如孩子某件事做得很好，妈妈可以允诺和孩子一起游戏、旅游或者唱歌等，让孩子和妈妈一起享受快乐。也可以给孩子一次展示自己的机会，比如孩子擅长跳舞，就让孩子在客人面前跳一段，这样不但能增强孩子的表现力，也可以提高孩子的自信心，是一种不错的奖励方式。